Volker Heigenmooser (Text) / Heiko Sandelmann (Foto)

Bremerhaven – einig fürs Theater

Volker Heigenmooser (Text) / Heiko Sandelmann (Foto)

Bremerhaven – einig fürs Theater

Die Sanierung des Stadttheaters Bremerhaven 1997–2000
Mit einem baugeschichtlichen Beitrag von Kai Kähler

Herausgegeben von der

STÄGRUND

Städtische Grundstücksgesellschaft Bremerhaven mbH

Mit freundlicher Unterstützung der Städtischen Sparkasse Bremerhaven

Wirtschaftsverlag NW,
Verlag für neue Wissenschaft GmbH, Bremerhaven

Impressum:

Copyright © 2000 by Wirtschaftsverlag NW, Verlag für neue Wissenschaft GmbH, Bremerhaven
Herausgeber: STÄGRUND Städtische Grundstücksgesellschaft mbH, Bremerhaven
Redaktionelle Gesamtkonzeption: Volker Heigenmooser
Fotografie: Heiko Sandelmann
Grafische Gestaltung: Monika Eiben, Nordwestdeutsche Verlagsgesellschaft mbH, Bremerhaven
Herstellung: Druckerei Ditzen GmbH & Co KG, Bremerhaven
Gesamtherstellung, Verlag, Vertrieb:
Wirtschaftsverlag NW, Verlag für neue Wissenschaft GmbH,
Bürgermeister-Smidt-Str. 74-76, D 27568 Bremerhaven
Tel. 04 71/9 45 44-0, Fax 04 71/9 45 44-88
Internet: www.nw-verlag.de, Email: nw-verlag@t-online.de

1. Auflage 2000
ISBN: 3-89701-599-4

Inhaltsverzeichnis:

1. Dezember 2000, 14.00 Uhr

Wiedereröffnung des Stadttheaters Bremerhaven

EIN UNTERNEHMEN DER STÄDTISCHEN WOHNUNGSGESELLSCHAFT BREMERHAVEN MBH

Bremerhaven – einig fürs Theater

Das Stadttheater Bremerhaven ist den Bremerhavenerinnen und Bremerhavenern ans Herz gewachsen. Als es darum ging, das Haus vor der Schließung aus sicherheitstechnischen und Arbeitsschutzgründen zu bewahren, standen Magistrat und Stadtverordnetenversammlung vor der Aufgabe, die dringend notwendige Sanierung zu finanzieren. Mit der Städtischen Grundstücksgesellschaft mbH wurde die Partnerin gefunden, die über große Erfahrung bei der Finanzierung und der termingerechten Umsetzung von großen Bauprojekten verfügt.

Wenn nun ein Haus der Öffentlichkeit übergeben werden kann, in dem die gesamte Technik und der Zuschauerraum erneuert wurden, in dem die Probemöglichkeiten und die Werkstätten heutigen Anforderungen entsprechen, damit die Kunst wieder Regie führen kann, dann ist das ein Verdienst, an dem viele Menschen teilhatten: Die Politikerinnen und Politiker aller demokratischen Parteien erst in Bremerhaven und dann auch in Bremen waren von der Notwendigkeit der umfassenden Sanierung überzeugt und fassten die notwendigen Beschlüsse. Die Städtische Sparkasse Bremerhaven half ebenso tatkräftig bei der Finanzierung mit wie die Stiftung Wohnliche Stadt. Bemerkenswert sind die Aktivitäten des Vereins zur Förderung des Theater- und Musiklebens e. V., der mit seiner Initiative „step by step" viele Menschen in und um Bremerhaven zu Spenden für ihr Theater bewegen konnte. Nachdem die Finanzierung gelungen war, gelang es allen am Bau beteiligten Firmen, von den planenden Architekten über die Sonderingenieure bis hin zu den vielen Spezialfirmen mit ihren Mitarbeitern in atemberaubend kurzer Zeit, das Theater in neuem Glanz fristgerecht abzuliefern. Ihnen unseren herzlichen Dank abzustatten, ist uns ein echtes Bedürfnis. Nachdem dieses gemeinschaftliche Werk gelungen ist, bleibt uns nur zu sagen: Vorhang auf, Bühne frei und toi, toi, toi!

Für die Bauherrin
Christian Bruns
Geschäftsführer
Städtische Grundstücksgesellschaft mbH

Für den Magistrat der Stadt Bremerhaven
Wolfgang W. Weiß
Stadtrat
Dezernent für Schule und Kultur

Die Stadt braucht das Theater

Es gibt kaum etwas in Bremerhaven, bei dem so große Einigkeit besteht wie beim Stadttheater Bremerhaven. Denn es ist eine große Koalition über alle Partei- und Institutionengrenzen hinweg, die die nunmehr dritte Eröffnung des Stadttheaters Bremerhaven zuwege gebracht hat. Schon die erste Eröffnung 1911 war ein erstaunlicher Kraftakt[1] einer damals ja tatsächlich kleinen Stadt,

*www.bach.de
Spielzeit 00/01*

der im wesentlichen durch beachtliche Spendenbereitschaft von theater- und kulturbeflissenen Bürgern der Stadt vollbracht wurde, um die zentrale Funktion Bremerhavens für die Unterweserorte zu behaupten. Damit zeigt sich die sinn- und statusstiftende Funktion einer kulturellen Institution wie sie das Theater war und, trotz mancher Verschiebungen der kulturellen Gewohnheiten, heute noch ist.

Auch die zweite Eröffnung des Theaters nach der Zerstörung im 2. Weltkrieg ging im wesentlichen auf bürgerliches Engagement zurück. In einer Zeit, in der es vor allem darum ging, die Stadt in ihren Grundfunktionen wieder aufzubauen, war zugleich das Bedürfnis nach Theater so groß, dass viele Menschen für den Wiederaufbau des Theaters spendeten. Das Stadttheater Bremerhaven fühlte sich bei der Neueröffnung an Ostern 1952 seinen Spendern und Bürgern verpflichtet und lud dazu ein, es in Besitz zu nehmen, indem es in dichter Folge Oper, Konzert und Schauspiel bot. 45 Jahre lang war das Stadttheater dann - baulich praktisch unverändert - kultureller Mittelpunkt nicht nur Bremerhavens, sondern der gesamten Unterweserregion. Dies trotz einer sich schnell verändernden Zeit, in der seine Existenz nicht nur einmal in Frage gestellt wurde. In seinem Beitrag zur jüngeren Geschichte des Theaters „Gesetzt den Fall, wir schließen das Theater"[2] hat Hans-E. Happel davon berichtet.

Mit dem Neubau des Werkstatt- und Probengebäudes und der Sanierung des Haupthauses ist nun zum dritten Mal in der noch jungen Geschichte Bremerhavens ein Kraftakt zugunsten des Theaters gelungen, der aus drei Gründen bewältigt werden konnte. Zum einen gab es eine breite politische Übereinstimmung in der Stadt Bremerhaven und im Land Bremen über die Bedeutung des Stadttheaters Bremerhaven für die - nicht nur kulturelle - Identität der Stadt an der Unterweser. Zum zweiten gab es wiederum ein bemerkenswertes finanzielles Engagement der Bürgerinnen und Bürger für ihr Stadttheater. Zum dritten ist es der Städtischen Wohnungsgesellschaft (STÄWOG) gelungen, die verschiedenen finanziellen Möglichkeiten zu bündeln und ein langfristig seriöses und tragfähiges Finanzierungskonzept mit allen Beteiligten abzustimmen. Die Bauaufgabe und die sehr komplexe Baudurchführung lag bei der STÄGRUND, einem Tochterunternehmen der STÄWOG.

So hat die nunmehr dritte Eröffnung des Stadttheaters Bremerhaven durchaus paradigmatischen Charakter für die Leistungsfähigkeit der Stadt Bremerhaven – wenn denn alle einig sind und an einem Strang ziehen!

Das Stadttheater Bremerhaven ist nun auf dem neuesten Stand der Technik und in einem exzellenten baulichen Zustand. Dies wurde trotz eines Korsetts aus knapp bemessener Bauzeit und einem eng definierten Finanzrahmen erreicht, die beide eingehalten werden konnten. Zu dieser erstaunlichen Leistung, die keineswegs selbstverständlich ist, haben

Viele beigetragen. Bewunderung dafür ist mehr als berechtigt. Doch Bewunderung gehört zum Theater. Der Bau ist gelungen, nun gilt es, dass die Kunst ihn für sich erobert, um das Publikum zu erobern.

Mutter Courage und ihre Kinder
Spielzeit 97/98

Denn Theater muss der Ort sein, an dem und um den es sich zu streiten lohnt. Theater kann eine Welt sein, in der die Welt aufgehoben ist. Dies gilt gerade auch in einer Zeit, in der die beliebig reproduzierbaren Produkte der Kultur- und Unterhaltungsindustrie suggerieren, sie gäben den Pulsschlag der Zeit vor. Die sogenannten neuen Medien ziehen allenthalben Faszination auf sich, Multimedia gilt als Zauberwort. Gegen diese Konkurrenz wird sich das Theater behaupten müssen, wenn es überleben will. Technisch stehen ihm dazu nun (fast) alle Wege offen, doch es kommt darauf an, der Technik nicht zu erliegen. Theater ist dann authentisch, wenn es sich auf seine Mittel besinnt und den Ort ernst nimmt, an dem es sich befindet. Das Theater ist schon immer Anfeindungen und Konkurrenzen ausgesetzt gewesen. Wenn es sich bewährt und durchgesetzt hat, dann nicht deshalb, weil sich eine gute Sache ohnehin durchsetzt, sondern deshalb, weil sich das Theater gewandelt hat und sich im Kern treu geblieben ist. Beispielsweise versuchten sich die städtischen

Theater in der zweiten Hälfte des 19. Jahrhunderts gegen eine zunehmende Zahl von Jahrmärkten und Zirkusvorstellungen zur Wehr zu setzen, indem sie diese Unterhaltungsunternehmen als „niedere Kunstform" anzuschwärzen versuchten und für sich die „höhere Kunst" reklamierten.[3] Der denunzierende Verweis auf die Anderen half dem Theater nicht: Es musste seine eigene Rolle zwischen den Polen Bildung und Zerstreuung finden.

Rigoletto
Spielzeit 94/95

Die Konkurrenz heute besteht nicht nur in den neuen Medien, sondern auch in neuen Theaterformen. Erstaunlich große Menschenmengen ziehen beispielsweise in Musicals in eigens dafür errichteten gesichtslosen und beliebig irgendwohin gebauten Häusern, in denen handwerklich perfektes Theater geboten wird. Stadttheater können da nicht mithalten. Ja, es wäre töricht, würde sich ein Stadttheater auf diese Konkurrenz einlassen, weil es sie nicht bestehen könnte.

Das größte Kapital des Stadttheaters Bremerhaven war und ist sein Publikum, die Bürgerinnen und Bürger, die es als ihr Theater begreifen. Für sie kann und soll es Bezugspunkt sein, ein identitätsstiftendes Moment der Stadt. Deshalb kommt es nicht so sehr darauf an, dass es vor allem überregional wirkt, sondern es muss in die Stadt und seine Region wirken. Dazu muss es offen sein, dazu muss es sich zur Stadt hin öffnen, zu seinen Bürgerinnen und Bürgern. So wäre es schließlich das Gegenteil von provinziell.

[1] vgl.: Fritz Ernst: Das Bremerhavener Theater. Ein Beitrag zu seiner Geschichte von den Anfängen bis zur Wiedererrichtung nach dem zweiten Weltkrieg, Bremerhaven 1981

[2] vgl.: Hans-E. Happel: Gesetzt den Fall, wir schließen das Theater. Zur Nachkriegsgeschichte des Stadttheaters Bremerhaven 1945 – 1988, Bremerhaven 1993

[3] vgl.: Stefan Koslowski: Stadttheater contra Schaubuden. Zur Basler Theatergeschichte des 19. Jahrhunderts, Zürich 1998

„Erstens kommt es anders, zweitens als man denkt"

Der nicht ganz gerade Weg zum Stadttheater Bremerhaven

von Kai Kähler

Der Bau des Bremerhavener Stadttheaters gehörte vor dem Ersten Weltkrieg mit der angrenzenden Kunsthalle, der Pestalozzischule und der Strandhalle zu den repräsentativen öffentlichen Großbauten, mit denen Bremerhaven seinen architektonischen und kultureller Anspruch als Zentrum der Unterweserorte manifestierte. Dabei errang besonders der Theaterbau Anerkennung, mit dem es dem Architekten Oskar Kaufmann trotz einer verhältnismäßig geringen Bausumme gelang, ein Theatergebäude ersten Ranges zu schaffen, dessen Erscheinungsbild eine für eine „Mittelstadt weit überragende Monumentalität" besaß. Doch bis es so weit war, wurde mancher Kostenrahmen über- und unterschritten, mancher Entwurf gezeichnet und viele verworfen.

Das Bremerhavener Stadttheater war von vornherein nicht nur für Bremerhaven, sondern für alle Bewohner der Unterweserorte konzipiert. Schon 1840 werden die ersten Aufführungen in der noch jungen Bremer „Kolonie" Bremerhaven erwähnt, bereits 1866 forderte die Provinzialzeitung ein „den ästhetischen Anforderungen der Jetztzeit entsprechendes Theater."[1] Lange Zeit erfüllte das erste (und private) „Stadttheater Bremerhaven" des Musikdirektors Heinrich Schwiefert am Volksgarten in der Deichstraße diese Anforderungen. Der Volksgarten bot Platz für 795 Sitz- und 310 Stehplätze. Geboten wurde meist die leichte Muse, Unterhaltsames des Geldes wegen, doch hin und wieder auch schon Opern. Als das Gebäude nach mehr als drei Jahrzehnten am 1. April 1903 aus Brandschutzgründen geschlossen werden musste, entstand offenbar schnell eine kulturelle Leere, denn schon zehn Tage später fand sich eine Gruppe angesehener Bürger aus Bremerhaven und Lehe, die eine „Theater-Gesellschaft AG" gründeten. Ziel der Aktiengesellschaft war „der Erwerb, die An- und Verpachtung und der Betrieb von Theatern, Wirtschaften und ähnlichen Geschäftszwängen…".[2] Während der Theaterbetrieb provisorisch an verschiedenen Orten weitergeführt wurde, gelang es der Theater-Gesellschaft bis zum Jahresende so viel Interesse in Bremen, Bremerhaven und den Unterweserorten für ein eigenes

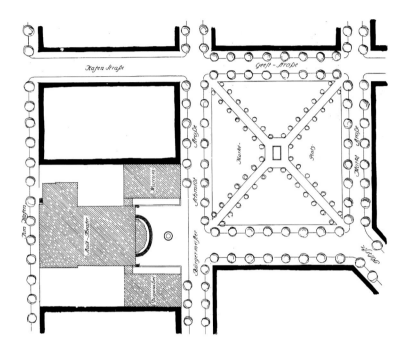

*Lageplan Stadttheater
Oskar Kaufmann,
Bremerhaven 1911*

Bremerhavener Stadttheater zu wecken, dass sich die Stadt bereit erklärte, dem Gedanken einer Realisierung näher zu treten, wenn es gelänge 150.000 Mark als Spende oder zinsloses Darlehn aus der Bevölkerung für das, zu diesem Zeitpunkt mit 700.000 Mark veranschlagte, Projekt zu sammeln. Bis zum September 1904 gelang es der Theater-Gesellschaft, Zusagen über 120.000 Mark zu erhalten und, nachdem sich die Stadt in der Zwischenzeit grundsätzlich mit dem Bau eines Theaters einverstanden erklärt hatte, sah die Gesellschaft ihr Ziel erfüllt und löste sich zum Dezember auf, ohne die noch ausstehenden 30.000 einwerben zu können. Obwohl die finanzielle Vorbedingung der Stadt damit nicht erfüllt war, nahm die Theaterplanung jetzt konkrete Formen an. Seit Januar 1904 lag sie in der Hand einer Theaterkommission, die aus den Mitgliedern der Theater-Gesellschaft und Vertretern des Stadtrates bestand. Die Kommission stand in Verbindung mit einigen Architekten und Baumeistern. Dazu zählten Professor Martin Dülfer aus Dresden, der sich durch Theaterbauten in Meran, Dortmund und Lübeck einen Namen gemacht hatte, und Regierungsbaumeister Karl Moritz aus Köln, den die Kommission mit der Prüfung verschiedener Bauplätze beauftragte. Zuvor jedoch versuchte die Kommission durch Rückfragen in anderen Städten Klarheit über die benötigte Größe sowie die ungefähren Bau- und Unterhaltungskosten zu erlangen. Beabsichtigt war schließlich die Errichtung eines Theaters für rund 1.000 Personen, das zur

Bespielung an eine Theatergesellschaft vermietet werden sollte. An einen öffentlich finanzierten Spielbetrieb war nicht gedacht. Für zusätzliche Veranstaltungen und um weitere Pachteinnahmen zu erzielen, sollte mit dem Theaterbau die Errichtung eines Saales verbunden werden.

Nachdem die Vorgaben geklärt waren, wurde 1905 als Erstes eine Entscheidung über den Bauplatz getroffen. Obwohl die Stadt gerade ein großes Erweiterungsgebiet im Norden erhalten hatte, fiel die Wahl auf den sogenannten Kanonenplatz, eine unbebaute Lagerfläche am Alten Hafen neben dem Garten des Bremer Amtshauses. Die Kommission folgte damit dem Vorschlag von Karl Moritz, denn das Gelände in der Nähe zum Marktplatz, dem heutigen Theodor-Heuss-Platz, im Süden Bremerhavens erfüllte wie kein anderes den Anspruch, sich mit dem Theaterbau als Mittelpunkt der Unterweserorte zu präsentieren. Außerdem, wie es in der Begründung ausdrücklich hieß, war es für alle Bewohner bequem und ohne Umsteigen mit der Straßenbahn zu erreichen. Da machte es auch nichts aus, dass die Fläche mit einer Breite von 46 m und einer Tiefe von 35 m für ein Theater mit 1.000 Plätzen knapp bemessen war. Regierungsbaumeister Moritz machte aus diesem Grund den Vorschlag, die drei Grundstücke am Markt 4 bis 8 zusätzlich zum „Kanonenplatz", zu erwerben. Dadurch erhielt man nicht nur mehr Platz, sondern zugleich eine Öffnung zum Markt und zur Bürgermeister-Smidt-Straße. In seinem Gutachten zur Platzfrage machte Moritz der Theaterkommission gleichzeitig das Angebot, auf dieser Fläche ein Theater für 550.000 Mark zu erbauen. Die Theaterkommission folgte Moritz nur in der Platzfrage und trat in Verhandlungen mit den Besitzern der Grundstücke, dem Arzt Dr. Holt und der Witwe Garrels, ein. Bis zum Herbst war man sich handelseinig, und im November 1905 beantragte der Stadtrat den nicht unerheblichen Betrag von 223.000 Mark für den Erwerb der drei Grundstücke sowie die Zustimmung der Stadtverordneten zum Bau eines Bremerhavener Stadttheaters auf diesem Gelände. Den „Kanonenplatz", der Bremen gehörte und einen geschätzten Wert von 50.000 Mark besaß, hoffte der Stadtrat umsonst zu bekommen, nachdem man vorher in Bremen wegen der Finanzierung des Theaterprojektes vorstellig geworden war. In Bremen standen der Senat und die Bürgerschaft dem Wunsch durch-

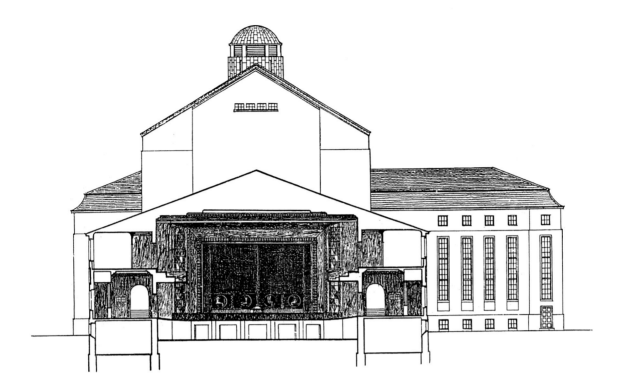

Querschnitt des von Oskar Kaufmann entworfenen Stadttheaters 1911

aus aufgeschlossen gegenüber, in Bremerhaven ein eigenes Stadttheater zu errichten. Ein Betrag von 750.000 Mark aus Anleihen wurde Bremerhaven hierfür in Aussicht gestellt. Den „Kanonenplatz" gab es allerdings nicht umsonst. Die Stadt musste später einschließlich der Erschließungs- und Umschreibegebühren 27.371,92 Mark dafür bezahlen.

Nachdem die Finanzierung mit Bremen geklärt war, genehmigten die Stadtverordneten Ende 1905 mit einer knapper Mehrheit von zwei Stimmen die hohe Summe für den Grunderwerb und gaben damit den Startschuss für den Theaterbau. Doch mit dem Startschuss kam das Projekt gleich wieder zum Erliegen, denn in den Reihen der Stadtverordneten gab es Stimmen, die aus Kostengründen zu einer Verschiebung des Theaterbaus rieten. Zwar stand die Notwendigkeit eines Theaterbaus in Bremerhaven, im Mittelpunkt der Unterweserorte, außer Frage und der geschätzte Zuschussbedarf von jährlich rund 25.000 Mark war durchaus tragbar, doch angesichts absehbarer Einnahmeausfälle und anderer Großbauvorhaben, wie dem Bau eines städtischen Krankenhauses, - Bausumme 600.000 Mark -, und einer neuen Volksschule, der späteren Pestalozzischule, sollte der Theaterbau erst einmal zurück gestellt werden. Obwohl die Theaterkommission die Theaterplanung in den nächsten Wochen und Monaten weiter bearbeitete, kam das Projekt auf Grund dieser Bedenken für zwei Jahre praktisch zum Erliegen.

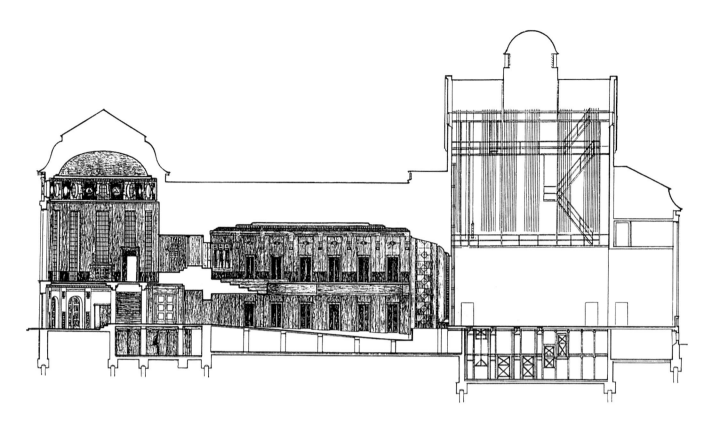

Erst als einige Architekten 1907 ihre Entwurfszeichnungen von der
Kommission zurück forderten, nahm sich der Stadtverordnetenvorsteher
Heinrich Friedrich Lehmkuhl der Sache wieder an und erinnerte den
Stadtrat daran, dass es schwer werden könnte, die 120.000 Mark aus
Privatkreisen einzutreiben, wenn sich der Theaterbau noch weiter ver-
zögern würde. Mittlerweile gab es auch Theaterpläne in Lehe und Geeste-
münde, so dass der Stadtrat schließlich im Februar 1908 den neuen Bremerhavener Stadtbaurat Johann Heinrich Julius Hagedorn mit der Ausarbeitung eines Theaterentwurfes beauftragte. Hagedorn war 1905 im
Hinblick auf die Stadterweiterung und die anstehenden öffentlichen
Großbauten als erster akademisch ausgebildeter Baurat an die Spitze des
Bremerhavener Stadtbauamtes berufen worden. Doch die Übertragung
dieses repräsentativen Großprojektes an den kulturell interessierten 34-
jährigen war keineswegs selbstverständlich. Persönliche Gegner im Stadtrat sprachen ihm die fachliche Kompetenz ab, Dülfer aus Dresden forderte einen Architektenwettbewerb und Stadtdirektor Adolf Hagemann
befürchtete, dass die anderen öffentlichen Bauprojekte, insbesondere
der Bau der Pestalozzischule, unter der attraktiven Theaterplanung lei-
den könnten. Letztlich entschied der Stadtrat jedoch pragmatisch. Da
sich die fachlichen Vorwürfe nicht halten ließen, die Theaterkommission

*Längsschnitt mit
Ansichten des Foyers*

15

sich für Hagedorn aussprach und Bremerhaven erstmals einen hochdotierten, qualifiziert ausgebildeten Baubeamten besaß, wurde ihm die Entwurfsarbeit übertragen, um Kosten zu sparen.

Hagedorn ging die Sache energisch an. Gemeinsam mit Stadtverordnetenvorsteher Lehmkuhl und einem Mitglied des Stadtrates besuchte er Theater in Bielefeld, Essen, Dortmund, Gießen, Elberfeld und Göttingen, die ihm als vorbildlich galten. Zum Jahreswechsel 1908/09 legte er seinen Theaterentwurf vor. Der Plan sah ein Theater mit 1009 Sitzen im Parkett und auf drei Rängen vor. Der Orchesterraum besaß eine Fläche von 45 m^2 und bot jedem Musiker Platz von 0,8 bis 1 m^2. Die Planung umfasste auch die Errichtung des gewünschten Saales, sowie einiger Läden im Erdgeschoss zum Markt. Der Gedanke, am Markt Läden zu errichten, war in der Zwischenzeit aufgekommen, um aus der Verpachtung des Saales und der Läden zusätzliche Einnahmen für die Deckung der Bau- und Unterhaltungskosten zu erzielen. Die Baukosten für das Theater, den Saal und die vorgelagerten Läden veranschlagte Hagedorn mit rund 600.000 Mark, woraus sich unter Berücksichtigung der Grunderwerbskosten und des Abrisses der vorhandenen Bebauung eine Gesamtsumme für den Theaterbau von 894.900 Mark ergab. Der Vorschlag des Stadtbauamtes kam allerdings nicht über die Vorprüfung hinaus. Stadtbaurat Seeling aus Berlin-Charlottenburg, den Hagedorn selbst als Prüfer vorgeschlagen hatte, verwarf den Entwurf aus brandschutztechnischen Gründen. Gemäß den strengeren preussischen Brandschutzbestimmungen sowie einer preussischen baupolizeilichen Verordnung für Theateranlagen, etwas Vergleichbares gab es für Bremen nicht, waren die Treppenaufgänge zu den Rängen, die Durchgänge zwischen den Sitzreihen und der Eingangsbereich zum Markt als Fluchtwege zu schmal. Das Gleiche galt für die Seitenwege neben dem Theater, die der Feuerwehr nicht genug Raum boten. Die Ursache für diese Mängel sahen Seeling, ebenso wie der zusätzlich hinzugezogene Bremer Brandinspektor allerdings nicht in der Unfähigkeit Hagedorns, - „Der Herr Verfasser des Projektes hat sich redlich Mühe gegeben, eine brauchbare Lösung zu finden, konnte aber ganz naturgemäss der Dinge nicht Herr werden"-, sondern im Zuschnitt des Geländes: „Das Projekt leidet unter der beschränkten Breite des Bauplat-

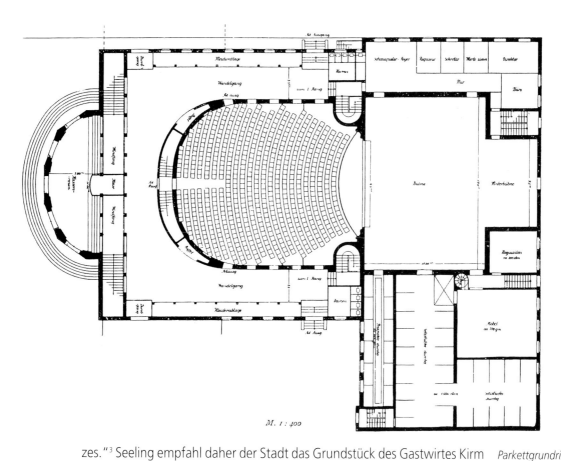

M. 1 : 400

zes."[3] Seeling empfahl daher der Stadt das Grundstück des Gastwirtes Kirm am Markt 2 aus sicherheitspolizeilichen Aspekten zusätzlich zu erwerben, um mehr Platz zu gewinnen. Der Gastwirt forderte jedoch 130.000 und später 80.000 Mark, ein Betrag, der den Stadtverordneten viel zu hoch erschien. Aus Bremerhaven wandte man sich deswegen nach Bremen, um zu erkunden, ob die Bremer gegebenenfalls einer Enteignung zustimmen würden. Gleichzeitig wurde das Stadtbauamt beauftragt, das Theaterprojekt mit Unterstützung Seelings unter Berücksichtigung der preussischen Feuerschutzbestimmungen noch einmal zu überarbeiten. Ende März lag der überarbeitete Entwurf vor. Doch auch er kam nicht zur Ausführung, denn die Gesamtkosten addierten sich jetzt durch den Erwerb des zusätzlichen Grundstückes und die größere Ausführung nach überschlägigen Berechnungen Seelings auf 1,2 Mio. Mark. Damit entwickelte sich das Theaterprojekt zu einer Finanzfrage, wie die Stadtverordneten im März feststellten.

Angesichts der enormen Kosten, die alle bisherigen Voranschläge überstiegen, ging der Stadtrat unter dem Vorsitz des neuen Stadtdirektors Erich Koch jetzt auf einen Wunsch der Bremer Ortsgruppe Deutscher Architekten ein, die für den Bau des Theaters einen Architektenwettbewerb gefordert hatte. Aufmerksam geworden durch einen Bericht in der Nordwestdeutschen-Zeitung hatten sich die Bremer Architekten an den Bremerhavener

Parkettgrundriss von Oskar Kaufmann, 1911

17

Fassade am Hafen
Arch. Oskar Kaufmann,
Berlin

Stadtrat gewandt und darauf hingewiesen, dass eine „so schwierige und der Allgemeinheit gegenüber so verantwortungsvolle Aufgabe" nicht der zufälligen Besetzung des Stadtbauamtes unterliegen dürfe, sondern „im Wettkampf der tüchtigsten Fachkräfte gelöst werden"[4] müsste. Die Theaterkommission lehnte die Forderung des Architektenbundes zunächst ab, doch unter Kostengesichtspunkten trat sie dem Wunsch wieder näher. Von der Beteiligung auswärtiger Theaterfachleute erhoffte sie sich Klarheit, „ob das Theater nicht mit einem geringeren Kostenaufwand als letzthin vorgesehen" gebaut werden konnte.[5] So kam es, dass 1909 für das Stadttheater der erste Architektenwettbewerb in Bremerhaven ausgeschrieben wurde, womit unter der Hand parallel zum Bau des großstädtischen Theaters auch großstädtische Ausschreibungsformen Einzug hielten. Stadtdirektor Koch nahm sich jetzt selbst der Sache an und informierte sich in Bremen bei Professor Emil Högg über die Formalitäten des neuen Verfahrens. Auf dessen Vorschlag hin kam es zu einem beschränkten Wettbewerb, zu dem die Architekten Wilhelm Müller aus Berlin, Theodor Fischer aus München, Martin Dülfer aus Dresden und die Arbeitsgemeinschaft Heilmann und Littmann, ebenfalls aus München, eingeladen wurden. Sie sollten für ein Preisgeld von 8.500 Mark einen Entwurf für ein Theater mit 1000 Plätzen und einem Kostenvolumen von 550.000 Mark einreichen. Die Errichtung von Läden und die Einbeziehung des Kirmschen Grundstücks wurde den Architekten frei gestellt, die Errichtung eines Saales aus Kostengründen jedoch gestrichen. Da Heilmann und Littmann die Bausumme für zu gering hielten, um ein repräsentatives Theater zu errichten, lehnten sie die Teilnahme ab. An ihrer Stelle rückte der Berliner Architekt Oskar Kaufmann nach, und auf Grund seiner engen Beziehungen zur Theaterkommission ließen die Stadtverordneten noch Karl Moritz zu. Aus Bremen war kein Architekt beteiligt, trotz der Intervention der Bremer Ortsgruppe und des Beraters aus Bremen. Auf Vorschlag Höggs bestand das Preisgericht aus Stadtdirektor Koch, Stadtverordnetenvorsteher Lehmkuhl, Högg selbst, den Stadtbauräten Seeling und Hagedorn, dem Chefredakteur der Deutschen Bauzeitung, Hoffmann, dem Direktor des Osnabrücker Theaters, Ulrichs, und dem Bremerhavener Architekten und Stadtrat Jäger. Ursprünglich war noch der aus Dresden nach Hamburg berufene Baudirektor Fritz Schumacher vorgesehen, der aber nicht mehr hinzugezogen wurde.

Im Herbst legten die Teilnehmer ihre Entwürfe vor. Anfang November entschied sich das Preisgericht für den Vorschlag „Schlüssel I" von Professor Dülfer. Dülfer hatte zwei Projekte ausgearbeitet, die sich durch ihre besonders wirtschaftliche Ausnutzung des Geländes auszeichneten. Aus Kostengründen lag das eigentliche Theatergebäude so weit zurück, dass die Häuser am Markt vorerst stehen blieben konnten. Zu einem späteren Zeitpunkt sollten sie durch Geschäftshäuser mit Läden und Wohnungen ersetzt werden, zwischen denen die hervorgehobene Theaterfassade „nur aus dem Hintergrunde"[6] hervorragte. Gegen diese verdeckte Lösung, bei der das Theater architektonisch nicht in Erscheinung trat, regte sich sofort Widerstand. Stadtdirektor Koch hielt die Opposition anfangs für zahlenmäßig gering, ein Irrtum, wie sich schnell herausstellte. Angeführt von Architekt Jäger formierte sich ein breiter Protest, der ein Theater mit einer Fassade zum Markt forderte. Die Gegner befürworteten den Entwurf von Oskar Kaufmann, der sich durch den Bau des Hebbeltheaters in Berlin einen Namen gemacht hatte. Obwohl das Hebbeltheater nicht ohne architektonische Schwächen war, wie die Bauzeitung bemerkte, erhielt er für das Gebäude vor allem auf Grund seiner schlichten, besinnlichen und würdevollen Innenausstrahlung beste Kritiken. In dem Entwurf für Bremerhaven war es ihm gelungen, diese Werte auch auf die Außenfassade zu übertragen. Stadtbaurat Hagedorn, dessen eigenen Entwürfe nicht zur Ausführung kamen, bezeichnete Kaufmanns Entwurf daher auch neidlos „als Kabinettstück der Architektur"[7]. Kaufmann hatte unter Einbeziehung des Kirmschen Grundstückes einen zurückgesetzten Bau entworfen, der sich über einen kleinen Vorplatz mit seiner ganzen, im Mittelteil überhöhten Fassade repräsentativ zum Markt hin öffnete. Auf der rechten Seite wurde der Vorplatz mit einem Seitenflügel in Traufenhöhe des Foyers eingefasst, der nicht direkt zum Theater gehörte, den Blick jedoch auf den Hauptbau lenkte. Links begrenzte die Gartenmauer des Amtsgartens den Vorplatz, doch der Entwurf war so angelegt, dass hier zu einem späteren Zeitpunkt ein weiterer Seitenflügel errichtet werden könnte, um den Vorplatz von beiden Seiten einzuschließen und die eigentliche Theaterfassade hervorzuheben.

Unter dem öffentlichen Druck, der jetzt gegen den Entwurf von Dülfer und für den Vorschlag Kaufmanns einsetzte, rückten die Mitglieder des Preisgerichtes nach und nach von ihrem ursprünglichen Votum ab, bis schließlich nur noch Stadtdirektor Koch als Vorsitzender des Preisgerichts zu der ursprünglichen Entscheidung stand. Als sich Dülfer jedoch weigerte, seinen Entwurf in Richtung auf eine repräsentative Fassade zum Markt zu überarbeiten, gab auch er seine Haltung auf und der Stadtrat entschied sich zusammen mit den Stadtverordneten für den Entwurf von Oskar Kaufmann. In der Vorprüfung war dieser trotz seiner hohen künstlerischen Qualität durchgefallen, weil die Nebenräume, die Werkstätten und die Treppen zu den Zuschauerräumen zu klein geplant worden waren, um den Kostenrah-

Garderobe nach Entwürfen von Oskar Kaufmann

men einzuhalten. Für die Ausführung wurde der Entwurf daher noch einmal überarbeitet, das Vestibül, die Treppen und die Bühnennebenräume zum Teil verlegt und vergrößert, so dass sie reichlich bemessen schienen, wie die Theaterkommission feststellte. Dadurch erhöhten sich die Baukosten auf 600.000 Mark, die zuzüglich einer Summe von 25.000 Mark für Unvorhergesehenes im April 1910 in der Stadtverordnetenversammlung beantragt wurden. Dieser Betrag umfasste nur den Bau des eigentlichen Stadttheaters, nicht den Ankauf des zusätzlichen Grundstücks und den Bau des rechten Seitenflügels. Der Seitenflügel war von Kaufmann nicht als Bestandteil des Theaters vorgesehen worden, sondern diente in seinem Entwurf unter architektonischen Gesichtspunkten vor allem der Einfassung des Vorplatzes und der Hervorhebung der Theaterfassade. Räumlich sollte hier ein Restaurant und eine Bildergalerie untergebracht werden. Die Notwendigkeit dazu hatte sich 1909 kurzfristig ergeben, als dem Kunstverein Bremerhaven von 1886 aus Bremen 34 wertvolle Gemälde namhafter Landschafts- und Genremaler des 19. Jahrhunderts vermacht wurden. Dieses Vermächtnis der Witwe des Bremer Konsuls Oelerich war allerdings mit der Auflage verbunden, die Bilder öffentlich zu präsentieren. Da zwischen dem Vorstand des Kunstvereins und der Theaterkommission praktisch eine Personalunion bestand, fiel die Entscheidung, den projektierten Seitenflügel als Kunsthalle dafür zu nutzen.

Zunächst genehmigten der Stadtrat und die Stadtverordneten am 6. Mai 1910 jedoch die Gelder für den Theaterbau und den Ankauf des Kirmschen Grundstücks. Kaufmann erhielt den Bauauftrag. Die Bauausschreibung und Überwachung oblag dem Stadtbauamt. Im Oktober erfolgte die Grundsteinlegung. In Bremerhaven wiederholte Kaufmann sein erfolgreiches Gestaltungskonzept aus Berlin. Im Innenausbau verzichtete er auf die sonst üblichen zweiten und dritten Ränge und verlegte die billigen Plätze auf die hinteren Reihen des Parketts. Dadurch bekam der Zuschauerraum einen saalartigen Charakter und verbreitete durch die niedrigere Decke und eine bewusst zurückhaltende Wandgestaltung ein Gefühl von Intimität und vornehmer Ruhe. Die Auswahl qualitätvoller Hölzer für den Zuschauerraum und das Foyer förderten, wie es die zeitgenössische Kritik beschrieb, die Kontemplation und die seelische Vorbereitung auf das Theaterstück und dienten nicht der Selbstdarstellung der Besucher. Ganz aufrichtig war diese Beurteilung allerdings nicht, denn damit sich das wohlhabende Bürgertum und das einfache Volk nicht begegnen mussten, erhielten die billigeren Plätze eigene Zugänge seitlich am Foyer vorbei. In der Außengestaltung verzichtete Kaufmann weitgehend auf aufwändige Schmuckarchitektur. Stattdessen erzielte er durch die Verwendung höherwertiger Baumaterialien wie Muschel-kalk und Kupfer sowie durch die großzügige harmonische Eingangssituation mit der repräsentativen Stufenanlage eine würdevolle, monumentale, zu-gleich jedoch ruhige und einladende Wirkung. Doch bereits während der Bauphase stellte sich heraus, dass die volle ästhetische Gesamtwirkung erst mit der Errichtung des Seitenflügels erzielt werden würde. Nach dem Abriss der Häuser Am Markt 2, 4 und 6 wurde die nun frei sichtbare Brandmauer des Hauses Nr. 8 sowie die Lücke zwischen diesem Gebäude und dem zu-rückliegenden Theater als störend empfunden. Als dann auch noch Reparaturkosten für dieses Haus anfielen, beantragte die Theaterkommis-sion früher als ursprünglich vorgesehen, im April 1911 auch den Bau des Sei-tenflügels. Die Baukosten wurden mit 99.000 Mark veranschlagt. Die Stadtverordneten bewilligten den Betrag ohne Verzögerung und übertrugen die Ausarbeitung der Entwurfszeichnungen wieder Oskar Kaufmann, um die Einheitlichkeit mit dem Stadttheater zu wahren.

Am 1. Oktober 1911 wurde das Stadttheater nach nur 17-monatiger Bau-zeit fertig gestellt und zehn Tage später mit der Aufführung des „Sommer-nachtstraums" von William Shakespeare feierlich eröffnet. Ein gutes halbes Jahr später, am 21. April 1912, folgte die Inbetriebnahme der angrenzen-den Kunsthalle im Seitenflügel mit einer Sonderausstellung des Münchner Künstlerbundes „Bavaria".

Achteinhalb Jahre waren seit der Schließung des ersten Bremerhavener Stadttheaters vergangen. Sechs Jahre hatten sich verschiedene Architekten, Stadtbauräte und Baumeister intensiv mit dem Projekt beschäftigt. Über 100 mal hatte die Theaterkommission getagt. Die Baukosten lagen nach Ko-stenvoranschlägen von 600.000, 700.000, 875.000 und 550.000 Mark schließlich bei 725.000 Mark, wobei die Stadt jedoch nicht nur ein Theater, sondern gleichzeitig eine Kunsthalle bekam. Dank eines geschickten Abrufs der Baugelder durch das Stadtbauamt konnten die zwischenzeitlichen Mehr-kosten von 5.600 Mark bei der Bauausführung durch Zinseinsparungen aus-geglichen werden, so dass gegenüber den bewilligten Beträgen am Ende ein Plus von 200 Mark blieb. Die Gesamtkosten einschließlich des Grunderwerbs lagen allerdings wesentlich höher. Bremerhaven wendete schließlich insgesamt 1.134.199 Mark auf, wobei zur Gegenfinanzierung durch private Spenden statt der ursprünglich zugesagten 120.000 nur noch 71.359,90 Mark zusammen kamen. Nach neun Jahren waren einige Spender verstorben und andere fühlten sich nicht mehr an ihre einstige Zusage gebunden. Allerdings gab es auch neue Spender wie die Jungfrauen Bremerhavens, die 4.638,06 Mark für den Bühnenvorhang gesammelt hatten. Die unvorhergesehenen Mehrausgaben entstanden im Wesentlichen durch die Grunderwerbskosten, mit denen die Stadt den Standort im Zentrum der Unterweserorte teuer bezahlte. Allerdings erhielt Bremerhaven mit dieser Investition 1911/12 an zentraler Stelle zwei kulturelle Einrichtungen, die wie keine andere Institution und kein anderes Gebäude die Oberzentrumsfunktion Bremerhavens für die Unterweserorte symbolisierten. Eine Investition, die sich spätestens nach 1945 auszahlte, als das Stadttheater und die Kunsthalle den Ausgangspunkt für die neue, gemeinsame Mitte der Unterweserorte bildeten.

[1] Zit. nach Jürgen-Dieter Waidelich: Das Stadttheater Bremerhaven in der deutschen Theaterlandschaft, S. 14, in: 100 Jahre Stadttheater Bremerhaven, hrsg. Stadttheater Bremerhaven, Bremerhaven 1967.

[2] Zit. nach Fritz Ernst: Das Bremerhavener Theater, Hrsg. vom Stadtarchiv der Stadt Bremerhaven in Verbindung mit dem Verein zur Förderung des Theater- und Musiklebens e.V. Bremerhaven und den Männern vom Morgenstern, Bremerhaven 1981, S. 36.

[3] Zit. aus einem Schreiben von Stadtbaurat Seeling an den Stadtrat vom 12.2.1909, sowie aus einem Bericht des bremischen Brandinspektors Walter, ohne Datum, Stadtarchiv der Stadt Bremerhaven, Fach 330/1/Vol. 2.

[4] Zit. aus einem Schreiben an den Stadtrat vom 3.4.1909, ebd.

[5] Zit. aus dem Antrag des Stadtrates an die Stadtverordneten für die Ausschreibung des Architektenwettbewerbs vom 13.7.1909, Stadtarchiv der Stadt Bremerhaven, Fach 326/1.

[6] Zit. aus dem Protokoll des Preisgerichtes vom 8.11.1909, Stadtarchiv der Stadt Bremerhaven, ebd.

[7] Zit. aus dem Prüfungsbericht Hagedorns zum überarbeiteten Theaterentwurf vom 26.4.1910, Stadtarchiv der Stadt Bremerhaven, Fach 327/40/ Bd. 1.

„Man musste sich auf seinen Zollstock verlassen können..."
Technik und Theater von 1952 – 1997

Als das Stadttheater Bremerhaven 1952 nach der Zerstörung im 2. Weltkrieg wieder aufgebaut wurde, musste man sich in vielen Bereichen behelfen. Dennoch war es ein voll funktionsfähiges Theater und der Stolz Bremerhavens.

Dass dieser Nachkriegsbau 45 Jahre lang praktisch nicht verändert wurde, obwohl es immer neue künstlerische Anforderungen an die Technik gab, gehört zu den bemerkenswerten Leistungen der Menschen, die vom Theater nicht nur gefesselt waren, sondern es erst zum Leben erweckten Im Rückblick ist man immer wieder erstaunt, unter welch geradezu abenteuerlichen Bedingungen erfolgreich Theater gespielt wurde. Derjenige, der mit den besten Einblick in die Abläufe hinter der Bühne hat, ist der technische Leiter des Theaters, Ralf Zwirlein. Als er 1979 an das Stadttheater Bremerhaven kam, stammte die technische Einrichtung im Wesentlichen noch aus dem Jahr 1952, erinnert er sich: „Es war alles gut gewartet, es funktionierte auch noch, war aber viel zu laut, es entsprach aber in keiner Weise dem Stand der Technik. Wir hatten organisatorisch Riesenprobleme, mit den wenigen Verwandlungsmöglichkeiten, die Anforderungen der Kunst zu erfüllen. Wir hatten Probleme mit dem TÜV, den Aufsichtsbehörden, die das Theater am liebsten stillgelegt hätten und auch teilweise schon Termine genannt hatten. Man hat immer wieder mehr oder weniger mit der Zusage, dass an einer Sanierung gearbeitet

Detail in der Beleuchterwerkstatt

wurde, dass das politisch auf den Weg gebracht sei, dass auch schon geplant werde, immer wieder von einem Jahr aufs andere eine Ausnahmegenehmigung bekommen. Irgendwann stand die Frage im Raum: Soll es weiter das Theater in Bremerhaven geben? Wenn ja, muss saniert werden, wenn nein, dann ist auch definitiv bald Schluss. Eine Zwischenlösung gab es nicht mehr." Der Wille zum ja war da, aber der Weg dahin fehlte. Erst mit der Übernahme des

In der Maske Stadttheaters durch die STÄGRUND, die sowohl die Vorfinanzierung als auch die Projektleitung übernahm, konnte der Wunsch, die untragbaren Bedingungen am Theater zu beseitigen, Wirklichkeit werden. An diese Stelle gehört allerdings auch der Hinweis, dass es mit dem Auftritt der STÄGRUND auf der Bühne der Umbaugeschichte deshalb so gut klappte, weil Marion Krüger vom Hochbauamt als „technische Projektsteuerin" von der Idee bis zur Ausführung für die notwendige Kontinuität sorgte. Nicht unterschlagen werden darf in diesem Zusammenhang auch das Wirken von Dieter Eichelmann von der WIBERA, der mit der Kompetenz und dem Blick von außen über manche Klippen hinweghalf, die schon lange untragbaren Bedingungen am Stadttheater Bremerhaven zu beenden.

Garderobe

Zu diesen untragbaren Bedingungen gehörte die räumliche Enge im künstlerischen Bereich. Wenn das Ballett über der Hinterbühne probte, war das auf der Hauptbühne zu hören. Das bedeutete, dass bestimmte Schauspielproben nicht zur gleichen Zeit wie die Ballettproben abgehalten werden konnten. Bei Märchenvorstellungen am Vormittag musste sich natürlich das Ballett auch zurückhalten. Bei den Probebühnen war es ähnlich. Die Probebühne 1 befand sich über der Seitenbühne. Wenn oben der Chor größere Szenen, womöglich gar mit Tanzeinlagen probte, hörte man das auf der Bühne. Allein die zeitliche Koordination von Proben und Aufführungen war eine Kraftanstrengungen par excellence. Und es betraf nicht nur den künstlerischen Bereich als solchen.

Sozialräume der Maler

Das Zusammenspiel mit der Technik gestaltete sich nicht minder problematisch. Wenn zum Beispiel in der Tischlerei die Kreissäge anging, hörte man das bis auf die Bühne. Während der Probenzeiten waren derartige Konflikte nicht zu lösen. Aber während der Vorstellungen mussten sich die Werkstätten zurückhalten. Wenn vormittags Märchenaufführungen oder nachmittags Operetten gegeben wurden, dann durfte in den Werkstätten nicht mehr gearbeitet werden, vor allem mussten die Maschinen abgestellt bleiben. Das führte in den Werkstätten unvermeidlich zu Ausfallzeiten und Leerlauf.

Kellergang

Kellergang
mit Leitungsvielfalt

Was in den 50er-Jahren noch keine wesentliche Rolle gespielt hatte, wurde im Lauf der Zeit zu einem drückenden Problem, da sich die Aufgaben der Werkstätten grundlegend wandelten. So kam beispielsweise der Schlosserei in den fünfziger Jahren keine solche Bedeutung zu wie heute, weil die damaligen Bühnenbilder in erster Linie aus leichten mit Prospekten bespannten Holzwänden bestanden. Wenn da eine Tür geschlossen wurde, flatterte die ganze Wand. Heu-

Schalter für die Klimaanlage

te baut man massiver, man arbeitet nicht mehr unbedingt mit vielen Prospekten und bemalten Wänden, sondern gestaltet die Bühnenbilder realistischer. Dafür braucht man wesentlich stabilere Unterkonstruktionen, wodurch sich der Arbeitsbereich der Schlosserei erheblich erweiterte. Bauliche Veränderungen im Haus oder der Schlosserei hatte dies jedoch nicht zur Folge.

Die Schlosserei befand sich im Kellergeschoss des Haupthauses und bestand aus einem Arbeitsraum sowie einer Lagerfläche im daneben liegenden Heizungskeller. Im Arbeitsraum waren drei Mitarbeiter mit der Herstellung für Neuproduktionen sowie mit Instandsetzungs- und Unterhaltungsarbeiten für das Haus beschäftigt. Im gleichen Raum war außerdem das Hauptlager für Material. Die Abstellfläche im Heizungskeller stellte eine Art Fundus dar, wo fertige und wiederverwertbare Teile aufgehoben wurden. Die Werkstatt war für drei Arbeitsplätze entschieden zu klein. Auf Grund der Kellerlage verfügte sie nur über eine sehr geringe Höhe, weshalb es unmöglich war, eine für einen rationellen Arbeitsablauf dringend notwendige Zugeinrichtung an der Decke zu installieren. Darüber hinaus war die Anlieferung von Material extrem schwierig: sie erfolgte durch ein kleines Oberlicht. Der langjährige Leiter der Schlosserei, Harald Müller, erinnert sich: „Wir haben dort alles gebaut, was auf

Harald Müller

der Bühne gebraucht wurde. In jeder Größenordnung. Das wurde dann eben in Sektionen gebaut, die nicht höher als 72 cm sein durften. Das ging gerade noch durchs Fenster durch, das berühmt-berüchtigte Oberlicht mit 3,20 m Breite, und so haben wir dann unsere Arbeiten erledigt. Und auf der Bühne musste das alles passen. Man musste sich auf seinen Zollstock verlassen können."

Ein Beispiel mag verdeutlichen, wie die Arbeitsabläufe über Jahre hinweg aussahen. Wurde für eine Inszenierung eine Treppe gebraucht, dann musste diese so gebaut werden, dass sie wieder auseinander zu nehmen war und durch das Oberlicht hinausgeschoben werden konnte. Dann standen die einzelnen Teile auf der Straße „Am alten Hafen" und mussten nun ums ganze Haus und hinten durchs Magazin in die Tischlerei getragen werden. Dort konnte die Treppe dann mit Holz belegt werden. Wenn auch noch Malerarbeiten notwendig waren, musste man die Treppe wieder auseinander bauen und durch eine Luke in den Malersaal befördern bzw. bugsieren. Zur Bühne ging es fast den ganzen Weg wieder zurück.

Die Schlosserei erhielt kaum Tageslicht, da sie zu tief unter der Erde lag. Zudem reichten die kleinen Fenster nicht zur Belüftung des Raumes aus. Es gab weder eine Lüftungsanlage noch Absaugvorrichtungen für die Arbeitsplätze, wie Harald Müller erzählt: „Das Schlimmste war die Luft. Wir hatten ja im Sommer tagelang bis zu 40°C hier gehabt, denn wir mussten immer einen Heizkessel für warmes Duschwasser mitlaufen lassen, und so war das doch schon sehr, sehr, sehr warm. Dann war da auch verbrauchte Luft,

Die Schlosserei

Die Schlosserei

ab Mittag wurden dann schon die Augen kleiner durch den Sauerstoffmangel."

Doch nicht nur für die Inszenierungen arbeiteten die Schlosser, sondern sie waren auch für die Klimaanlage, die Heizung sowie die Wartung der Ober- und Untermaschinerie der Bühne zuständig. Alte und veraltete Maschinen brachten da kaum Erleichterung. So war die Drehbank von einem Unternehmen gestiftet worden, das sein Vorkriegsmodell ausgemustert hatte. Sie war

Drehbank

bis zum Umbau im Einsatz. Und trotz der Arbeit unter heute kaum noch vorstellbaren Bedingungen ist Harald Müller auf eines mächtig stolz: „In den Jahren, in denen wir die Technik pflegten, ist nicht eine Vorstellung aus technischen Gründen geschmissen worden. Was jetzt kommt, das steht auf einem andern Blatt!"

Die Arbeitsbedingungen hatten selbstverständlich auch Auswirkungen auf die künstlerischen Möglichkeiten. So kam es häufiger vor, dass der technische Leiter die Entwürfe der Bühnenbildner aus organisatorischen Gründen oder aus Platzmangel ablehnen musste. Ein Beispiel dafür war auch die Lage der Tischlerei. Diese befand sich mit ihrem Hauptarbeitsraum im Erdgeschoss in der Nähe des Bühnenbereiches. Dort mussten sämtliche Arbeitsgänge ohne jegliche räumliche Trennung nebeneinander ausgeführt werden. Die Materialanlieferung für die Tischlerei erfolgte über die Monta-

Die Tischlerei

gefläche, die gleichzeitig als Magazin und Lagerfläche für aktuelle Produktionen diente.

Da im Theater selbst keine ausreichend großen Materialräume zur Verfügung standen, wurden die Baumaterialien für die Tischlerei extern gelagert und auf Anforderung angeliefert.

Die Arbeit mit den Maschinen in der „Großraum-Tischlerei", wie es im später noch näher zu erläuternden Strukturgutachten von 1993 über diesen Werkstattbereich heißt, brachte eine extrem hohe

Werkzeugschrank

Schallbelästigung nicht nur für die dort Arbeitenden, sondern für das ganze Haus mit sich. Abgesehen davon, dass die Größe der in der Tischlerei zu verarbeitenden Stücke beschränkt war, stellte der häufig notwendige Weitertransport in den darüber liegenden Malersaal als nächsten Schritt in der Produktionskette ein Abenteuer für sich dar. Er erfolgte nämlich über eine Montageklappe im Deckenbereich. Mit einem kleinen Kran hievte man die Kulissen in den Malersaal, wo man sie dann über eine Brüstung balancieren musste. Dass dabei mehr als einmal ein fertiges Stück beschädigt wurde, gehört zu den immer wiederkehrenden Erfahrungen der Maler und Tischler, wie der Leiter des Malersaals, Heinz Windhorst, erzählt. Der Malersaal befand sich im 2. Obergeschoss des Haupthauses und bestand aus einem großen Raum. Die Grundfläche wie die lichte Höhe des Raumes waren für einen Malersaal jedoch viel zu klein. Die Lagerung der Farben sowie Spritz- und Kaschierarbeiten, alles fand

Die Tischlerei

Die Transportluke
im Malersaal

in diesem einen Saal statt. Hatte man beispielsweise einen Prospekt grundiert, musste man warten, bis die Farbe trocken war, um weiterarbeiten zu können. Wenn es besonders eilig war, nahm man auch schon einmal einen Haarföhn, um den Trockenvorgang zu beschleunigen. „Die Maler sind die Letzten", stellt Heinz Windhorst lakonisch zu der Tatsache fest, dass die Bühnenbilder immer erst am Schluss bei ihnen landen. Wobei „landen" angesichts der Verhältnisse, unter denen gearbeitet

Der Malersaal werden musste, oft der richtige Begriff war. Eine Gesamtsicht der nur in Abschnitten hergestellten Bühnenbilder war im alten Malersaal nicht möglich, denn es mangelte an einer entsprechenden Galerie und einem Aufstellplatz. Umso höher ist die Leistung einzuschätzen, dass auf der Bühne die Übergänge der einzelnen Wände schließlich stimmten.

Heinz Windhorst

Im Malersaal

Der Malersaal

Abenteuerliche Arbeitsbedingungen herrschten auch in der Schneiderei. Die Leiterin der Kostümabteilung, die Gewandmeisterin Ursel Strauch, sagt: „Also so, wie wir da gearbeitet haben, war das schon katastrophal. Es war schlimm, Salpeter trat aus den Wänden, es sah alles fürchterlich aus, die Luft war schlecht, allein durch die Dachkonstruktion. Die Anproben waren so winzig, dass man sich mit schmalen Kleidern gerade mal herumdrehen konnte, aber die

Anproben mit einem größeren Kleid musste ich in der Werkstatt machen, damit man sich auch einmal drehen und bewegen konnte. Das ist bei den Anproben unglaublich wichtig, weil auf der Bühne bewegen sich die Leute auch, die stehen da ja nicht nur."

Waschmaschine in der Toilette

In den engen Räumen musste zugeschnitten, genäht und gebügelt und oft auch anprobiert werden. Bei großen Kleidern musste man ausweichen, erzählt Ursel Strauch: „Wir haben immer versucht, alles möglich zu machen. Wir sind dann, wenn es um große Kleider ging, in den Ballettsaal ausgewichen, wo ich die riesigen Stoffbahnen ausgerollt und abgemessen habe. Und dorthin bin ich bei ganz großen Kleidern auch zur Anprobe gegangen."

Ursel Strauch

Die Schneiderei

Der Hosenfundus

Die Schneiderei befand sich im Dachgeschoss und umfasste Damen- und Herrenschneiderei. Darunter, im 2. Oberge-schoss, waren die Büros der Gewandmeisterei, der Hosenfundus und der So-zialbereich. Die Wasch-maschine für die norma-le Wäsche aus den Vor-stellungen stand eine Etage tiefer in der Toilette und der Färberaum war im Keller.

Wollte man alle aus der Not geborenen Lösun-gen aufzählen, die es am Stadttheater Bremerha-ven über viele Jahre hin-

In der Schneiderei

weg gab, könnte man sicherlich mehrere Bände füllen. Obwohl – jetzt, da all dies Vergangenheit ist, haben viele der Beteiligten schon manche der abenteuerlichen Bedingungen vergessen, unter denen sie jahraus, jahrein gearbeitet haben. Vielleicht haben sie es deshalb vergessen, weil es ihnen trotz all der Anstrengungen doch Spaß gemacht hat. Denn im Theater zu arbeiten, ist immer noch ein Arbeiten in einer besonderen Luft: der Thea-terluft!

Ästhetik verändert Technik, Technik verändert Ästhetik: Im Theater lässt sich diese Wechselwirkung besonders gut studieren. Schon erwähnt wurde die Schlosserei, die im Laufe der Jahre immer größeres Gewicht bekam. Auch die Bühnentechnik veränderte sich, bzw. neue ästhetische Vorlieben verän-derten die Bühnentechnik. So war es lange Zeit üblich, die Verwandlungen auf der Bühne mit Hilfe der Drehbühne zu bewerkstelligen. Das hat sich ver-

Auf dem Rollenboden

ändert, einige Jahre lang waren schräg gestellte Ebenen das Nonplusultra bühnenbildnerischer Kunst. Mittlerweile gehört es zum guten Regieton, verschiedene Ebenen auf der Bühne darzustellen, die mit Hilfe von Podien zu erzeugen sind. Auch im Theater gibt es also Moden, die kommen und gehen. Im Stadttheater Bremerhaven waren diesen Moden bislang enge technische Grenzen gezogen. Der technische Leiter Ralf Zwirlein berichtet, dass

Ralf Zwirlein

er im alten Haus rund 60 % der Wünsche von Bühnenbildern und Regisseuren aus technischen Gründen ablehnen musste und einfache Lösungen erarbeiten. Er illustriert das Problem: „Wir konnten durch die fest eingebaute Drehbühne selbstverständlich Bühnenbilder drehen, aber wir hatten das Riesenproblem, dass die Drehbühne viel zu laut war, und dass sie nur eine Geschwindigkeit hatte. Wenn also ein Regisseur sagte, dreh mal langsamer oder schneller, war das nicht möglich oder nur in Form von kurzen Intervallen: wenn dabei ein Sänger auf der Bühne stand, gab es ein ständiges Rucken, das hat man natürlich gemerkt."

Hinzu kam, dass alles, was sonst auf der Bühne zu bewegen war, von Hand bewegt werden musste. Die Obermaschinerie bestand nur aus Handkonterzügen, Zügen also, die mit Gegengewichten „gekontert" wurde, d. h. wenn auf der Bühne 150 kg eingehängt waren, mussten auf dem Schnürboden 150 kg Gegengewicht aufgepackt werden. Nur so konnte man das Bühnenbild von Hand in die Höhe ziehen. Zwar musste der Mann auf dem Schnürboden kein Gewichtheber sein, aber der Aufwand war dennoch beträchtlich, um die Gewichte „da immer oben raufzupacken". Schwere körperliche Arbeit gehörte im Bremerhavener Stadttheater zum Alltag, wie sich auch am Beispiel der Konzertaufbauten zeigen lässt: Jede Ebene und jedes Gerüst musste auf die Bühne geschleppt und dort zusammengebaut werden. Ein anderes Beispiel ist die Beleuchtung, ein wichtiges Thema für jedes Theater. Da galt, wie Ralf Zwirlein sagt, „das Prinzip der größten Gemeinheit: da, wo man den Scheinwerfer brauchte, war kein Anschluss." 120 Schaltkreise verteilt auf das ganze Bühnenhaus sorgten von den Anschlüssen zu den Scheinwerfern für lange Kabelwege.

Galerie im Bühnenturm mit
Handkonterzügen

*Die Hauptbühne mit Sturz
der Hinterbühne*

Zum Schluss der schlaglichtartigen Darstellung des alten Zustands sei noch kurz angemerkt, wie sich die Platzverhältnisse auf die Inhalte ausgewirkt haben: Bislang gab es eine bestimmte Anzahl verschiedener Aufführungen und dann standen das ohnehin zu kleine Magazin und die Seitenbühnen voller Kulissen und Requisiten. Wenn ein neues Stück herauskommen sollte, musste deshalb ein altes Stück zwangsläufig abgespielt werden. Das konnte sogar dazu führen, dass ein

Unterbühne

Erfolgsstück vom Spielplan gestrichen werden musste, weil es einfach keinen Platz gab, das Bühnenbild zwischenzulagern. Ralf Zwirlein hofft, dass dies nun der Vergangenheit angehört: „Wir können zwar auch in Zukunft ein Stück nicht endlos spielen, aber wir sind in der Spielplangestaltung flexibler!"

Keine Frage: der Theaterbetrieb am Stadttheater Bremerhaven funktionierte, trotz dieser völlig unökonomischen Arbeitsabläufe, und zwar dank des Engagements aller am Theater Beteiligten. Angesichts des neuen Hauses und angesichts derer, die schließlich bei jeder Aufführung glanzvoll auf der Bühne stehen, wird dies leicht vergessen.

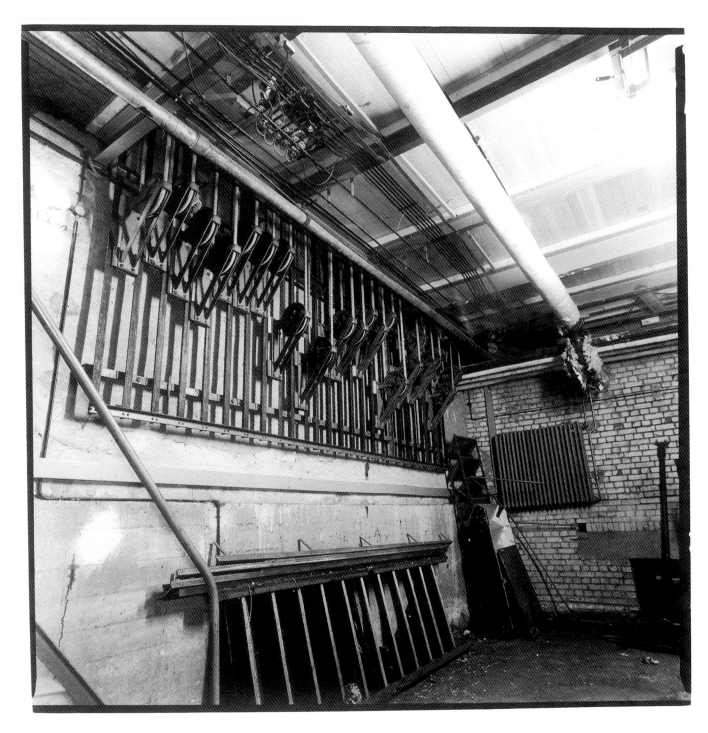

In der Unterbühne

„Das Theater ist im Grunde eine ganz ehrliche Haut geworden"
Von der Idee zur Umsetzung: der Umbau

Wenn Theater in die Jahre kommen, muss gehandelt werden, damit sie nicht dem Verfall preisgegeben werden. Das Stadttheater Bremerhaven war mit seinem baulichen Zustand aus dem Jahr 1952 sehr in die Jahre gekommen. Aus dem vorigen Kapitel kann dieser Zustand abgelesen werden. Doch ein Theaterumbau ist keine Kleinigkeit, sondern ein Großprojekt. In Bremerhaven kam hinzu, dass dieses Großprojekt innerhalb eines genau definierten Finanzrahmens und innerhalb einer sehr knapp bemessenen Zeit realisiert werden sollte. Dass dies gelang, ist schließlich das Werk vieler Einzelner, die gemeinsam für ihr Theater arbeiteten.

Am Anfang gab es viele Ideen. Denn dass das Theater in seiner alten Form nicht mehr bestehen konnte, war klar. Allein die unterschiedlichsten Bestimmungen konnten nicht mehr eingehalten werden: Bauordnungsamt, Feuerwehr, Gemeindeunfallverband, Gewerbeaufsichtsamt und andere haben jahrelang „alle Augen zugedrückt", um das Theater nicht schließen zu müssen. Die zuständigen Behörden wurden vertröstet, indem die baldige Sanierung in Aussicht gestellt wurde. Erstes sichtbares Zeichen dafür war, dass das Stadttheater bei der Ausweisung des Sanierungsgebiets „Alter und Neuer Hafen" einbezogen wurde. Doch wie sollte ein solches Millionenprojekt finanziert werden? Welchen Umfang würde eine gründliche Sanierung annehmen? Dazu war vor allem eine Bestandsaufnahme notwendig.

Der alte Malersaal
März 2000

Die Pfahlgründung war schwierige Handarbeit

Der Zustand des Stadttheaters Bremerhaven war vielen Menschen vor allem im Theater als eigentlich untragbar klar. Zu diesen Menschen im Theater gehörte auch Ralf Zwirlein, der 1979, noch nicht in der Funktion des technischen Leiters, an das Stadttheater Bremerhaven kam, und eine Art Tagebuch zu führen begann. Überall dort, wo er Mängel bemerkte, schrieb er diese auf und entwickelte Verbesserungsvorschläge. Diese blieben jedoch solange Makulatur, so lange die Finanzierung nicht gesichert war. Dazu bedurfte es der Hilfe von außen. Eine Lösung kam erst in Sicht, als das Theater dank vorausschauender politischer Beschlüsse in das Sanierungsgebiet „Alter und Neuer Hafen" einbezogen wurde. Dies bewirkte, dass eine verläßliche Kostenschätzung erfolgen musste, was natürlich selbst wieder Geld kostete. Als diese Finanzierung stand, wurde bei den Bremer Architekten Herbert Eickworth und Martina Iggena ein sogenanntes Strukturgutachten in Auftrag gegeben. Herbert Eickworth und Martina Iggena hatten gerade das Theater am Goetheplatz umgebaut und somit Erfahrungen in der Theatersanierung gesammelt.

Martina Iggena und Herbert Eickworth

Der erste Schritt für dieses Strukturgutachten war eine gründliche Bestandsaufnahme. „Der zweite Schritt war, zu fragen, wie wäre das Theater richtig, wenn man es neu sortieren könnte, die Werkstätten zusammenfaßte und versuchte die Produktionsabläufe zu rationalisieren? Wir sind dann zu einem Konzept gekommen, das wir auch weitgehend umgesetzt haben. Für die Werkstätten, die alle viel zu klein wa-

Blick in die alte Unterbühne
Juli 1999

Bühnenturm mit Blick auf die rechte Seitenbühne
Juni 1999

ren, die auch falsch lagen, wollten wir ein neues Werkstattgebäude bauen und eine Vertikalverbindung herstellen, so dass man wirklich sämtliche Produktionsabläufe an eine Schiene anbinden konnte", erzählt die Architektin Martina Iggena. Das war die eine Idee zur Lösung der drängenden Probleme. Dazu kamen die Ideen von Ralf Zwirlein: „Wir konnten die Arbeitsbedingungen verbessern, indem wir den ökonomischen Ablauf innerhalb der Werkstätten verbessern. Außerdem mussten die akustischen Bedingungen verändert werden."

Der Plan, einen Neubau neben der rechten Seitenbühne zu erstellen, war geboren. Im linken Seitentrakt sollten die Probebühnen konzentriert werden. Klar war allerdings von Anfang an, dass das Platzangebot zwar für die einzelnen Bereiche größer werden musste, aber insgesamt kaum alle Wünsche erfüllt werden konnten, weil beispielsweise auch die Probebühnen, die außerhalb waren, in das Theater zurück-

Blick auf die rechte Seitenbühne Bohrkerne und die neue Pfahlgründung August 1999

geholt werden sollten. Das „Strukturgutachten über den Bestand mit einem Lösungsvorschlag für eine konzeptionelle Neuordnung mit der Darstellung einer schrittweisen Durchführung eines Zielplanungskonzeptes" legten die Architekten Herbert Eickworth und Martina Iggena im August 1993 vor. Zwei Jahre später begann die konkrete Planungsphase. Da war die Finanzierung immer noch nicht gesichert, es gab allenfalls vage Absichtserklä-

Der alte Orchestergraben mit Baueinhausung zum Zuschauerraum
August 1999

rungen der verschiedenen Institutionen. Mit dem Einstieg der Städtischen Grundstücksgesellschaft mbH (STÄGRUND) Ende 1996 wurde die Lösung des finanziellen Problems gefunden: Das Theater wurde der STÄGRUND übertragen, die die Sanierung vorfinanzieren sollte. Über die öffentlichen Haushalte der Stadt Bremerhaven, des Lands Bremen sowie über Mittel aus der Stiftung Wohnliche Stadt sollten durch jährliche Zahlungen die Vor-finanzierung abtragen.

Wichtig war darüber hin-aus, dass der Verein zur Förderung des Theater- und Musiklebens e. V. mit seiner Initiative „step by step" über den Ver-kauf sogenannter Thea-terbausteine Spenden sammelt, dass alle Thea-terbesucher mit einem „Theatertaler" auf jede gekaufte Eintrittskarte zur Sanierung beitragen, und dass sich die Städti-sche Sparkasse Bremer-haven an der Finanzie-rung beteiligt. So konnte die Summe von letztlich insgesamt 63,6 Mio. DM

Demontage der alten Bestuhlung April 2000

aufgebracht werden, um das Stadttheater in neuem Glanz erstrahlen zu las-sen. Was sich hier ganz leicht liest, bedurfte vieler Gespräche und manch längerer Sitzung. Dass es schließlich gelang, diese große Summe zu-sammenzubekommen, lag nicht zuletzt daran, dass die Mehrheit der Stadt-verordneten über die Magistratsmitglieder, die Abgeordneten der Bremi-schen Bürgerschaft, den Senat der Freien Hansestadt Bremen, den Vorstand und den Verwaltungsrat der Städtischen Sparkasse, den Vorstand der Stif-

tung Wohnliche Stadt bis hin zu den Bürgerinnen und Bürgern Bremerhavens von der Notwendigkeit der Sanierung des Stadttheaters Bremerhaven überzeugt waren. Die Sanierung konnte beginnen.

Allerdings hatten es die Architekten nun mit einem neuen Bauherrn zu tun, mit der STÄGRUND Herbert Eickworth erinnert sich noch an das erste Gespräch mit dem STÄGRUND-Geschäftsführer Christian Bruns, der die termin- und kostengerechte Herstel-

Blick zur entkernten rechten Seitenbühne

lung als wichtigstes Ziel formulierte. „Ich spürte, dass das kein persönliches Misstrauen war. Es gibt ein grundsätzliches Misstrauen gegen die Planer, weil sie a) immer zu teuer sind und b) die Zeiten nicht einhalten. Aber das konnte mit dem Neubau widerlegt werden, wir haben die Zeiten eingehalten und wir haben die Kosten eingehalten." Eickworth gibt allerdings zu, „dass ein Theater ein Bauwerk ist, wo ungeheuer viele Berufssparten zusammentreffen, die vom technischen Leiter regiert werden müssen, der alle Fäden zusammenbringen muss. Das ist kein schlanker Planungsprozess, wo man sagen kann, wir planen die Kiste durch und am Schluss kriegt ihr den Schlüssel. Das darf es einfach nicht sein. Das Planen ist hier ein außerordentlich kommunikativer Prozess. Ein Theater ist eben nicht einfach eine Produktionshalle, sondern da arbeiten die Leute kreativ."

Gerüst zur rechten Seitenbühne zur Abstützung des Bühnenturms
September 1999

*Der alte Schnürboden und die Aufstockung des Bühnenturms mit den neuen Auflageflä-
chen für die noch darunterliegenden Dachbinder
Oktober 1999*

Kommunikation und Kreativität waren die Voraussetzung für das Gelingen der schwierigen Aufgabe. Architekt Herbert Eickworth beschreibt diesen Prozeß an einem Beispiel: „Der Aufzug an der rechten Seitenbühne sollte eigentlich bis in den Keller reichen. Das wäre nur durch komplizierte Gründungsarbeiten möglich gewesen, die in Bremerhaven wegen des hohen Grundwasserstands notwendig sind; da hat Herr Zwirlein darauf verzichtet und gesagt, gut, dann lassen wir ihn bis zum Erdgeschoss gehen, wir haben ja wenigstens einen Aufzug, der bis zum Keller geht. Solche Kompromisse sind dort geschlossen worden." Die Architektin Martina Iggena ergänzt: „Und auch ein Abwägen, ob man aus künstlerischer Sicht etwas kostenmäßig machen lässt, wie zum Beispiel Sturzhöhen verändern. Es hat immer scharfe Diskussionen gegeben, wo die STÄGRUND auf dem Kostensack gesessen und gesagt hat:

Blick vom Bühnenturm in die rechte Seitenbühne Oben die neuen Sozialräume der Schneiderei Oktober 1999

Wenn ihr einen Wunsch äußert, dann kostet das soundsoviel DM, was dürfen wir euch dafür nehmen? Es gab keine zusätzlichen finanziellen Mittel, sondern die Frage, worauf verzichtet ihr dafür?"
Diese Diskussionen waren unumgänglich, da die einmal veranschlagte Gesamtsumme des Umbaus nicht verändert werden durfte. Die STÄGRUND als Bauherrin achtete durch ständige Finanzkontrolle streng auf die Einhaltung des Kostenrahmens.

Der technische Leiter Ralf Zwirlein beschreibt diese Situation aus seiner Sicht: „Es gab immer wieder Überraschungen, zum Beispiel was den Untergrund anging. Beim Werkstattneubau hatten wir Wasserprobleme und dadurch Gründungsprobleme. Das gleiche hatten wir dann auch wieder bei der Sanierung im Haupthaus. Wir hatten schon vorher immer wieder Probleme in der Unterbühne mit dem Grundwasser, d. h. wenn der Grundwasserspiegel gestiegen ist, hatten wir in der Unterbühne Wasser stehen. Die Architekten wollten die Sohle nicht angreifen. Ich hatte mir eigentlich die Bühnentechnik und die Podien so vorgestellt, dass wir auch nach unten fahren können. Aber dann hätte man die Sohle rausreißen und ein richtig tiefes Loch graben müssen. Die STÄGRUND und die Architekten haben deshalb gesagt: Nein, wir lassen die alte Sohle drin, im Gegenteil wir bauen sogar noch eine Schicht darüber, wir dichten sie ab, und ihr versucht, die Bühnentechnik anders zu konzipieren. Es wurde dann eine andere Lösung gefunden, die letzten Endes nicht schlechter für das Theater ist. Das war ein gravierender Einschnitt, denn eigentlich sollte die Untermaschinerie ganz anders geplant werden."

Vorgefertigte Deckenelemente werden bei stürmischem Wetter verlegt November 1999

Kreativität und Kommunikation waren immer wieder gefragt. Am dramatischsten an der gesamten Umbauphase war die Geschichte mit dem Orchestergraben. Zwar war schon im Strukturgutachten von 1993 vermerkt worden, dass der Orchestergraben zu klein sei, um die Gesamtbeset-

Massarbeit der per Funk dirigierten Kranführer
bei der Einbringung der vorgefertigten Deckenelemente in der rechten Seitenbühne
November 1999

zung des Orchesters auf-
zunehmen. Dennoch soll-
te – das gehörte zu den
Kompromissen – der Or-
chestergraben während
des Umbaus ebensowe-
nig angetastet werden
wie der Zuschauerraum.
Die Grenze war der Eiser-
ne Vorhang. Und dann
gab es die Überraschung,
die Ralf Zwirlein so be-
schreibt: „Als die Bühnentechnik fertig konzipiert
war, war der Orchester-
graben zu klein. Das war
ein Problem, das erst
sehr spät erkannt wurde:
dass nämlich die Büh-
nenpodien in der Null-

*Blick von der rechten
Seitenbühne zum
Bühnenturm
September 1999*

gasse fahren, darunter aber eigentlich schon der Orchestergraben ist. Den haben wir abgeschnitten. Zwar gab es im Vorfeld schon Wünsche vom Orchester, dass der Graben vergrößert werden sollte, jetzt aber hatten wir den Ef-
fekt, dass er gar um fast einen Meter kleiner wurde." Das war der Punkt, „an
dem wir fast am Scheitern waren", berichtet der Projektleiter der STÄGRUND,
Sieghard Franz-Lückehe. „Da brannte die Luft", erinnert sich Martina Iggena und ergänzt: „Es war ja so, dass der Zuschauerraum nie gemacht werden sollte. Der Zuschauerraum sollte irgendwann wieder aufgeschlossen
werden, mit dem Staubsauger durch und erledigt." Doch das ging nicht
mehr. Die Musiker argumentierten, dass der Orchestergraben anerkannter-
maßen ohnehin zu klein gewesen sei, so dass bei einer weiteren Verkleine-
rung nicht mehr mit voller Besetzung gespielt werden könne. Auf der anderen Seite schien es nicht möglich, den Orchestergraben zum Zuschauer-

*Blick auf die rechte Seitenbühne und in den Bühnenturm mit den von oben aufgehängten
Arbeitgalerien; deutlich erkennbar die erhöhte Hinterbühne
März 2000*

Der neue Ballettsaal
Juni 2000

raum hin zu vergrößern, weil das zum einen ein Eingriff in diesen Raum gewesen wäre und zum andern die Entfernung einer Stuhlreihe notwendig gemacht hätte. Was in der Folge zu einem Einnahmeausfall für das Theater geführt hätte. Der Lösungsversuch bestand darin, den Orchestergraben auf der Bühne nachzubauen und die Musiker zur Probe spielen zu lassen. Dabei zeigte sich, dass es in der Tat unmöglich gewesen wäre, unter solchen Bedingungen mit voller Besetzung zu spielen. Sofort stand die Frage im Raum: Was kostet es, den Zuschauerraum auch noch zu sanieren? Der Rechenstift wurde gezückt und es wurde spitz gerechnet. Es schien vertretbar zu sein, die erste Stuhlreihe zu entfernen, um den Orchestergraben um das Stück, das ihm von der Bühne her weggenommen wurde, zu erweitern. „Doch als es zum Schwur kam, mussten plötzlich alle aufwachen und feststellen: Das kostet doch eine ganze Menge, die alte Lüftung funktioniert nicht, so dass wir in die Haustechnik mussten", berichtet Herbert Eickworth.

Blick in die entkernte Hinterbühne mit dem ehemaligen Ballettsaal Januar 2000

Es wurde beschlossen, neue Stühle anzuschaffen. Der Bau drohte ins Stocken zu geraten, erklärt Projektleiter Sieghard Franz-Lückehe, denn es musste erst das nötige Geld besorgt werden: „Es gelang der STÄGRUND, das fehlende Geld per extra Haushaltsbeschluss der Stadtverordnetenversammlung im Dezember 1999 erstaunlich schnell bewilligt zu bekommen." Nach der Klärung der Finanzfrage war es der Überraschungen noch

nicht genug. „Wir haben gedacht, wir machen da den Teppich raus, ein bisschen Spachtel darunter und den neuen Teppich wieder drauf. Aber als wir mit den Fingern anfingen, vor Ort zu untersuchen, haben wir Sachen entdeckt, da ist uns das kalte Grausen gekommen", sagt Martina Iggena. Für die neuen Stuhlreihen waren neue Lüftungsauslässe notwendig. Und Herbert Eickworth erklärt: „Der Zuschauerraum liegt auf einer Druckkammer von ungefähr anderthalb Meter Höhe, in die frische Luft hineingepumpt wird. In der Zeit, als das Theater gebaut wurde, war dafür eine Eigenbaulösung erfunden worden, wie die Luft in den Zuschauerraum kommt. Das war der eine Punkt. Und der zweite Punkt war, dass Herr Zwirlein immer gesagt hat: Passt auf, meine Handwerker kriegen die Stühle nicht fest, die fangen an zu wackeln, wenn man die neu anschrauben will. Wir mussten also eine neue Lösung für die Lüftung mit sogenannten Drallauslässen suchen, das sind runde Tellerventile, aus denen die Luft in den Zuschauerraum geblasen wird. Die mussten bei der neuen Bestuhlung völlig anders liegen. Dafür mussten in die Decke dieser Druckkammer 400 – 500 Löcher gebohrt werden. Da bekommt natürlich jeder Statiker Probleme, weil bei 400 Löchern mit ungefähr 15 cm Durchmesser jede Stahlarmierung durchgebohrt wird, so dass die Decke hochgefährdet war. Dann haben wir uns entschlossen, auf der Decke einen durch Eiseneinlagen verstärkten Estrich einzubringen. Als wir das dann machen wollten, haben wir

Sieghard Franz-Lückehe

festgestellt, dass die Decke mit ganz, ganz schlechtem Beton gebaut worden war. Man konnte den richtig abschälen. Das war der Grund, warum Herr Zwirlein seine Stühle nicht festkriegte. Wir haben deshalb in Teilbereichen viel neuen Beton aufgebracht, um die Stabilität wieder zu kriegen. Dann haben wir in der neuen Auflage auf der alten Betondecke die Stahleinlagen so eingebaut, dass wir die 450 Löcher auch bohren konnten."

Ein ähnliches Problem trat auch bei der Beleuchtung auf. Denn sowohl von der technischen wie von der künstlerischen Seite des Theaters war der Wunsch geäußert worden, die Bühne auch vom

Saal her beleuchten zu können. Ralf Zwirlein erzählt, wie dieses Problem gelöst wurde: „Ideal für Scheinwerfer im Saal ist eine Beleuchtungsbrücke ungefähr zwischen unserer Krone und dem Portal. Da hätte ich am liebsten die Decke aufgeschlitzt, so wäre ich von da aus mit den Scheinwerfern sehr gut auf die Bühne gekommen. Da haben die STÄGRUND, die Statiker und die Architekten abgewunken und es abgelehnt, die Decke zu öffnen. Auch der Denkmal-

Der Lichthof der linken Seitenbühne Juni 2000

pfleger hat sofort abgewunken. Denn die hatten Angst, dass die Decke runterkommt, wenn sie aufgeschlitzt wird. Letzten Endes sind Kassetten in die Decke geschnitten worden und es funktionierte. Es ist nicht die Optimallösung. Die Optimallösung wäre ein Schlitz gewesen, aber es ist eine gute Lösung." Unter optisch-ästhetischen Gesichtspunkten kann die gefundene Lösung allerdings durchaus als optimal bezeichnet werden.

Derartige Probleme lassen sich nicht einplanen, „sie erwischen einen unterwegs", sagt die Architektin Martina Iggena. Dennoch musste der Terminplan eingehalten werden, der schon eng genug war. Der Projektleiter des Bauherrn STÄGRUND, Sieghard Franz-Lückehe, fasst die Dramatik, die mit der Sanierung des Zuschauerraums verbunden war, zusammen: "Bis Ende 1999 war der Planungsstand, dass der Zuschauerraum überhaupt nicht angefasst werden sollte, und alles, was da passiert ist, waren Schnittstellen, die

*Die neuen Beleuchtungs-
stege über der denkmalge-
schützten Rabitz-Decke
sind an den Dachbindern
abgehängt
September 2000*

eigentlich nicht hät-
ten passieren dürfen.
Durch die Beschlüs-
se der Stadtverord-
netenversammlung
konnten wir den Etat
aufstocken, so dass
der Zuschauerraum
auch saniert werden
konnte. Da waren wir
schon mitten im Bau-
prozess. Die Planung
für den Zuschauer-
raum musste deshalb
gemacht werden, während parallel dazu die Baumaschinen liefen."

Dass es dennoch gelang, den Zeitrahmen einzuhalten, liegt sicherlich daran, dass zum einen die STÄGRUND als Bauherrin zu jeder Zeit eine genaue
Übersicht besaß, zum anderen alle Verantwortlichen über einen großen Er-
fahrungsschatz verfügten. Und über einen Bauleiter, Armin Liebler, der schon
die Bauleitung beim Theaterumbau in Bremen hatte, wie Martina Iggena betont. Und auch da sei das Zusammenspiel der Beteiligten, seien Kreativität und
Kommunikation entscheidend gewesen: „Zum Beispiel haben wir unser Büro
so strukturiert, dass auf der Baustelle nicht geplant wird, sondern nur hier im
Hauptbüro. Hierher kommen die Rückmeldungen aus dem Baubüro, aus den
Baubesprechungen, von den Sonderingenieuren, von den Fachbüros. Dann
wird das im Hauptbüro bearbeitet und wieder auf die Baustelle gegeben. Wir
organisieren hier im Büro, dass planungstechnisch so schnell gearbeitet wird,
damit die Baustelle weiterlaufen kann. Das ist wirklich ein wichtiger Aspekt,
dass Bau wirklich Bau ist und nicht Planung." Herbert Eickworth ergänzt: „Wobei auf der Baustelle jemand sitzen muss, der auch umdenken kann, wenn
neue Erkenntnisse kommen. Er muss das dann sofort umorganisieren, damit
die Arbeit nicht zum Erliegen kommt, - dafür ist solch ein Bauleiter notwendig und das kann nur jemand mit großer, großer Erfahrung machen."

Im Bühnenturm Blick zur rechten Seitenbühne mit neuen Galerien
Juni 2000

Blick von der Galerie im Bühnenturm
zum Bühnenportal und Zuschauerraum

Zu den Menschen mit dieser großen Erfahrung gehört neben dem Bauleiter Armin Liebler der Oberpolier Wilhelm Brake. Für ihn war der Theaterumbau der erste in seiner dreißigjährigen Tätigkeit. Seine Aufgabe bestand vor allem darin, den ganzen Abbruch zu überwachen und den Bauablauf zu organisieren. Doch ganz klar war es nicht,

Armin Liebler

dass er diesen Umbau tatsächlich machen würde, gibt er zu: „Mein erster Eindruck war: Das sollte ich mir nicht mehr antun, ich sollte wieder nach Hause fahren. Die hatten am Freitag noch Theater gespielt, am Dienstag bin ich hier angekommen. Dann habe ich mir das ganze Gebäude angeguckt und mein erster Eindruck war: Nee, lass man, so ein Gebäude brauchste nicht mehr. Da wollte ich wegfahren, aber da hat mir mein Oberbauleiter ein bisschen gut zugeredet, fang erstmal an! Und wenn man dann so drin ist im Gebäude... Das ist ja nicht so einfach. Man muss sich in so ein Gebäude hineindenken, man muss verstehen wie das damals 1952 gebaut worden ist, damit man überhaupt weiß, wo die schweren Punkte sind, wo es Probleme geben könnte. Sich ins Gebäude denken heißt, sich in den Zustand zurückversetzen, wie die früher gebaut haben, um die Schwach-

Während der Renovierung des Zuschauerraums Absaugung der Nitro-Dämpfe September 2000

punkte zu erkennen. Der Stand der Technik ist ja heute etwas weiter. Zum Beispiel sieht man das am ganzen Mauerwerk: Die haben 1952 wohl einmal viel Zement gehabt, dann wurde der Zement zum Wochenende ein bisschen weniger, neuer war nicht da, das sieht man dann an den Schichten im Mauerwerk: die sind teilweise 2 m hoch sehr

Wilhelm Brake

fest, und dann zum Wochenende hin war der Zement wohl ausgegangen, so dass dann weniger Zement verarbeitet worden ist. Wenn man tragende Teile da hineinsetzen will, geht das nicht. Das läßt sich auch vorher nicht berechnen, da sind wir dann gefordert. „Mit ‚Wir' meint er das Team der Bauleitung, das aus den Bauleitern Armin Liebler und Jenny Greese sowie dem Oberpolier Wilhelm Brake bestand. Schon bei der Entkernung des Bühnenturms kam es auf Erfahrung an, wie Wilhelm Brake erzählt: „Wenn man im Bühnenturm steht, sieht man, dass das ungefähr 30 m Höhe sind, wo man alles entkernen, wo man sowohl die ganzen Lasten als auch die Decken nach oben führen muss. Wir bauten deshalb überall Stahlträger an den Außenwänden, damit das Gebäude entkernt überhaupt stehenbleibt und nicht durch Winddruck zu schieben anfängt. Erst als nach und nach die neuen Wände anbetoniert waren, konnten wir aus dem Keller wieder raus. Unten drunter wurden neue Pfähle gesetzt. Der Witz aber war, dass zugleich die rechte Seitenbühne entkernt wurde: Das hat Zeit gespart, war aber ursprünglich nicht so vorgesehen. Darauf kommt man nur, wenn man ein paar Jahre oder Jahrzehnte Erfahrung hat."

Apropos Pfähle. In die Sohle des Bühnenturms und der rechten Seitenbühne mussten neue Pfähle gesetzt werden, um das gesamte Gebäude stabil zu halten. Das ging nur in Handarbeit, weil in das Gebäude keine schweren Maschinen gebracht werden konnten, wie Wilhelm Brake erzählt: „Alles war Handarbeit. Auch die Bohrungen mussten per Hand gemacht werden. In der Hauptbühne konnten wir das alte Dach erst herausnehmen, nachdem oben ein neuer Ring anbetoniert war. Also hier hatten wir sehr viel Handarbeit altdeutscher Art. Da mussten sich alle umstellen. So einen Umbau hat man in seiner Laufbahn wahrscheinlich nur einmal."

Wenn dann Unvorhersehbares auftauchte, kam es neben der Erfahrung auch auf Improvisationstalent

Jenny Greese

76

Der neue Ballettsaal
Juli 2000

Die neuen Podien im zum Zuschauerraum erweiterten Orchestergraben
September 2000

an, wie der Bauleiter Armin Liebler sagt: „Unvorhersehbar war die ganze Angelegenheit mit der Sohle. Da war ja Wasser. Das hat vorher auch keiner gesagt, dass schon das alte Gebäude nicht dicht gewesen war. Man hat dann eine neue Sohle auf die alte gebaut, was die Konsequenz hatte, dass die Unterbühne nicht so gebaut werden konnte, wie man sich das im Theater vorgestellt hatte. Doch das gehört dazu: Selbst wenn man alte Bestandszeichnungen hat und davon ausgeht, dass es so ist, wie es da drin gezeichnet ist, so stimmt das oft gar nicht. Das ganze Bauen ist eine reine Absichtserklärung. Wie man das dann hinterher macht? Da muss gerade bei einem Altbau unheimlich improvisiert werden, wenn dann Sachen kommen, die anders sein müssten, aber so nicht sind."

Gerade bei der Sanierung eines Altbaus sind vor allem die Statiker gefordert, da es immer wieder zu Stabilitätsproblemen kommen kann, die nur schwer vorauszusehen sind. „Es gab keine Seite Statik", bekräftigen denn auch die Statiker vom Büro KSF Feld und Partner, Klaus Behrens und Dieter Hibbeler. Das galt besonders bei Sonderwünschen. So gab es den großen Wunsch der Theaterleute, die Hinterbühne anzuheben, da auf der Hinterbühne in nur sechs Metern Höhe ein Sturz war, auf dem sich der Ballettsaal befand, so dass bei Projektionen auf die Hinter-

Klaus Behrens und Dieter Hibbeler

bühne ein schwarzer Strich sichtbar war. Deshalb sollte der Ballettsaal weggenommen werden, um den Bühnensturz um zwei bis drei Meter anzuheben. Da schlug die Stunde der Statiker, denn es musste eine Etage entfernt werden. Das gleiche galt für die rechte Seitenbühne, die von einer tragenden Wand geteilt wurde. Das Theater wollte unbedingt die Bühnentiefe auf der rechten Seitenbühne verdoppeln, damit beispielsweise mit dem großen Drehscheibenwagen nach rechts gefahren werden kann. Also musste die Wand weg. Es handelte sich aber um die tragende Wand des rechten Flügels. Die Statiker lösten auch dieses Problem, indem sie verordneten, dann auch die ganze rechte Seitenbühne zu entkernen.

Als schwieriges Problem im Rohbau galt die Einbringung der vorgefertigten Spanndecken für die rechte Seitenbühne. An dem Wochenende im November 1999, an dem zehn Schwerlastzüge dank einer Sondergenehmigung aufgereiht in der extra dafür gesperrten Straße „Am alten Hafen" standen, stürmte es.

Neue Lüftungs- und Klimatechnik September 2000

In diesen Zusammenhang gehört, dass sich unter den zahlreichen Rechnungen für den Umbau auch eine des Deutschen Wetterdienstes über 50,70 DM findet, der befragt worden war, ob für diese schwierige Arbeit mit passendem Wetter gerechnet werden könne. Trotz der einigermaßen erträglichen Vorhersage hielt sich das Wetter nicht daran, so dass das Einbringen der 14 m langen Decken zum Vabanquespiel wurde.

Zu den besonderen Schwierigkeiten des Rohbaus gehörte es auch, das Dach des Bühnenturms auszubauen. Der Bühnenturm war um 2,5 m erhöht worden, während noch die alten Dachbinder im Turm waren. Diese freizustemmen, um sie dann per Kran abzuheben, war keine leichte Arbeit. Gründlich in der Werkstatt überholt, wurden die genieteten Dachbinder, nun 2,5 m höher, dann wieder eingesetzt.

Der Bühnenturm musste auch deswegen erhöht

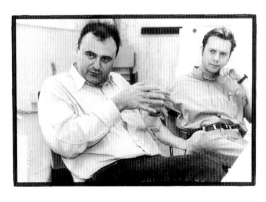

Ralf Kunkel und Frank Will

werden, um die neue Bühnentechnik aufzunehmen, die immer massgeschneidert sein muss, wie Ralf Kunkel von Kunkel Consulting, die die gesamte Bühnentechnik entworfen hat, betont. „Es gibt kein Fertigteil, das man in jedes Haus einsetzen könnte." Die Anforderungen an die Bühnen-

Blick von der rechten Seitenbühne in den Zuschauerraum
September 2000

Die Bauleitung:
Jenny Greese,
Wilhelm Brake,
Armin Liebler

technik eines Dreispartenhauses sind groß. Denn in einem Dreispartenhaus wird beispielsweise morgens für eine Oper geprobt, mittags wird die Abendvorstellung des Schauspiels vorbereitet und auf der Seitenbühne müssen für den nächsten Tag die Ballettkulissen aufgebaut werden. Die Besonderheit in Bremerhaven war aus der Sicht der Bühnentechnik, dass die Lasten des Schnür- und Rollenbodens nicht ins alte Mauerwerk eingeleitet werden konnten, sondern auf vier Stützen gestellt werden mussten. Diese vier Stützen waren im Keller neu gegründet worden. Besondere Schwierigkeit bereitete die Planung der Untermaschinerie. Denn erst nachdem diese geplant war, stellte sich heraus, dass unter der Bühne Wasser austrat, so dass eine neue Sohle gegossen werden musste, die der Untermaschinerie 25 cm nahm. „10 cm mehr und man hätte da nicht mehr spielen können", beschreibt Ralf Kunkel die Dramatik. Dramatisch auf ganz andere, aber vielleicht doch theatergemäße Weise war es, als es um die Verhandlungen über die Ausschreibung eines Gewerkes ging. „Es stand eine bestimmte Summe zur Verfügung und die Verhandlung stockte. Es gab eine erregte Debatte, und dann war plötzlich Ruhe, die Verhandlung war festgefahren. Dann stand der Geschäftsführer der Wiener Firma auf und holte aus seiner Tasche Mozartkugeln und verteilte diese. Dann haben wir alle die Mozartkugeln gegessen, und da kam das Gespräch wieder in Gang, weil wir uns über Mozartkugeln unterhalten haben - und dann sind wir doch noch zu einem Abschluß gekommen."

Technik auf dem neuesten Stand steht dem Stadttheater Bremerhaven nun zur Verfügung. Was früher per Hand bedient werden musste, erledigen nun Automaten. Das führt natürlich auch zu Veränderungen der Berufsbilder, wie Ralf Zwirlein beschreibt: „Der Schnürmeister saß früher oben auf der Galerie und musste Gewichte kontern, und heute sitzt er am Computer. Am Computer werden Verwandlungen und Vorstellungen programmiert und dann nur noch abgefahren. Der Schnürboden ist zweifellos der Arbeitsplatz, der sich am gravierendsten verändert hat. Aber auch die gesamte Arbeit auf der Bühne verändert sich. Beispielsweise fahren große Bühnenwagen, die wir früher von Hand rein und raus geschoben haben, jetzt elektrisch. Oder ein anderes krasses Beispiel sind die Konzertaufbauten: Früher musste jede Ebene und jedes Gerüst auf die Bühne geschleppt und zusammengebaut werden. Heute gehen für einen Konzertaufbau die Podien auf Knopfdruck automatisch hoch. Dann haben wir die Abstufung. Das wird zwar noch ein bisschen von Hand ergänzt, wenn wir noch Zwischenhöhen haben wollen, aber wir haben die Möglichkeit, durch die verschiedenen Podien ein Grundkorsett zu schaffen."

Eindruckvoll ist die Liste der neuen technischen Einrichtungen, die Ralf Kunkel aufzählt: „Wir haben hier 35 laufende Meter Schaltschränke, wenn man alle Schaltschränke nebeneinanderstellen würde. Das sind aber nur die Schränke für die Bühnenmaschinerie; für Licht und Ton kommt noch mindestens die gleiche Anzahl hinzu. In so einem Haus wie hier haben wir 15 – 20 km Kabel allein in der Bühnentechnik, außerdem eine eigene Trafostation mit 1,3 MW Leistung. Wir benötigen bei der Obermaschinerie einen Anschluß von 150 kW, das gleiche in der Untermaschinerie. Dann brauchen wir für Bühnenlicht um die 380 kW, was an maximaler Gleichzeitigkeit auftreten kann. Das ist schon beachtlich, wenn man bedenkt, dass davon rund 80 % in Wärme umgesetzt wird. Da könnte man das Haus mitheizen."

Vormontage der neuen Drehbühne auf der rechten Seitenbühne September 2000

Vormontage der neuen
Bestuhlung
Oktober 2000

Womit wir beim Problem der Haustechnik angelangt sind, die im Stadttheater Bremerhaven zu bewältigen war. Haustechnik umfasst die Bereiche Abwasser, Wasser, Druckluft, Heizung, raumlufttechnische Anlagen sowie die im Theater besonders wichtigen Brandschutzanlagen. Ralf Stellmann vom Ingenieurbüro Wichmann erklärt, dass die besondere Schwierigkeit bei der Sanierung des Stadttheaters Bremerhaven das Fehlen von Bestandsplänen war: „Wir hatten nur die Möglichkeit, regelrecht die alten Anlagen zu erforschen. Wenn es doch einen Bestandsplan gab, dann sind wir in die Katakomben hineingekrochen und haben dann in den meisten Fällen festgestellt, dass die Bestandspläne nicht mehr stimmten. Wir mussten also regelrecht untersuchen, wie die Verläufe der alten Kanäle waren. Das wurde teilweise durch Videountersuchung gemacht. Genauso war es auch bei der Heizungsversorgung. Man wußte im Grunde gar nicht, wo welche Leitung hinführt. Man konnte also nur so vorgehen: Leitungen mussten abgesperrt werden, um dann zu gucken, wo wird es jetzt kalt. Es gab zwar alte Pläne, die später noch gefunden wurden, die stimmten jedoch nicht mehr mit der Wirklichkeit überein. Denn zwischenzeitlich waren neue Leitungen angeschlossen worden, das kleine Haus war später noch dazugekommen, aber in den Plänen nicht enthalten."

Besonderes Gewicht muss die Haustechnik eines Theaters auf den Brandschutz legen. So wurden in den meisten Fällen überhaupt keine brennbaren Materialien eingesetzt. Allenfalls in den, in einzelne Brandabschnitte eingeteilten Belüftungszentralen wurden Isolierarten verwendet, die schwer entflammbar sind. Außerdem sind alle, insbesondere die raumlufttechnischen Anlagen so konzipiert, dass dort Rauchmelder sind, die diese Anlagen abschalten bzw. eine Warnmeldung zur Feuerwehr geben und der Feuerwehr Schaltmöglichkeiten offen lassen. Das heißt zum Beispiel für den Zuschauersaal: Wenn es dort Rauch geben sollte, wird er durch die Anlage aufgespürt, die automatisch eine Meldung zur Leitstelle der Feuerwehr gibt, von wo aus direkt in die Anlagen eingegriffen werden kann. Herzstück des Brandschutzes ist die Sprühwasserlöschanlage. Diese besteht aus offenen Düsen, die per Hand aktiviert werden. Sie kann nur per Hand ausgelöst werden, weil ein Auslösefehler fatale Folgen hätte: In kurzer Zeit wären Millionenwerte ruiniert, weil die gesamte Bühnenmaschinerie geflutet werden würde. Die Auslösung ist die Aufgabe der Brandwache. Beim Brandschutz wurden im Interesse der Zuschauer keine Kompromisse gemacht. Deshalb ist die Sprühwasserlöschanlage so konzipiert, dass in 10 Minuten die gewaltige Menge von 73 m³ Wasser verfügbar ist. Im Theater sind 200 Düsen verteilt, die strangweise ausgelöst werden können. Sie sind im Bühnenturm unterm Dach und in den Galerien installiert. Selbst am eisernen Vorhang sind Düsen angebracht, die ihn im Brandfall kühlen sollen. Das Problem war, dass diese 73 m³ Löschwasser „sicher vorhanden sein müssen". Eigentlich wäre es das Einfachste gewesen, den Tank außen am Gebäude anzubringen. Da der Untergrund aber so schlickig ist, hätte das eine größere Baumaßnahme bedeutet. In Gesprächen mit der swb Bremerhaven wurde folgende Lösung gefunden: die eine Hälfte der geforderten Menge wird über Spezialwasserleitungen bereitgehalten und die andere Hälfte lagert in einem Tank. Das heißt, dass 37 m³ Wasser bevorratet werden und der Rest nachgespeist wird. Der Löschwassertank wurde im Keller spezial angefertigt. Direkt auf ihm liegt der Umkleideraum für die Orchestermusiker. Eine Alternative, die geprüft wurde, war der Bau zweier Löschwasserbrunnen im Haus, was aber zu teuer gewesen wäre. Die zweite Alternative wäre die Reaktivierung einer alten Leitung vom Alten Hafen hergewesen, die seit dem Bau des Alfred-Wegener-Instituts gekappt ist.

Johann-Wilhelm Wichmann und Ralf Stellmann

Um im Zuschauerraum für gute Luft zu sorgen – ein sitzender und nicht klatschender Mensch gibt beispielsweise 100 W Wärme ab – musste die Raumlufttechnik für diesen Saal komplett erneuert werden. Gebaut wurde eine An-

Der Zuschauersaal
November 2000

lage mit 30.000 m³ Luftleistung, die über eine Luftqualitätsregelung verfügt. Die Anlage erkennt damit im Prinzip automatisch, wie weit der Saal besetzt ist und wie die Luftqualität dort ist. Dementsprechend wird Luft in den Saal gepumpt. Dafür wurden mehr als 400 neue Auslässe eingebaut, so dass die Luft zugfrei in den Zuschauersaal einströmen kann.

„Das Theater ist im Grunde eine ganz ehrliche Haut geworden", resümiert die Architektin Martina Iggena und erklärt: „Wenn wir das oberste Geschoss im Neubau der Werkstätten sehen, dann signalisiert das, darunter ist der Malersaal, der hat diese Dachschrägen. Und dann gibt es ein Tonnendach überm Chorsaal, was mit der Raumhöhe zu tun hat, dann gibt es das Tonnendach über dem Ballettsaal, weil dort gehoben und gesprungen wird und dann gibt es das Tonnendach über der Probenbühne, wo auch Höhe benötigt wird. Das heißt, die innere Funktion teilt sich nach außen mit. Und das schließt sich als Ensemble alles zusammen. Insofern ist das Theater eben eine ehrliche Haut."

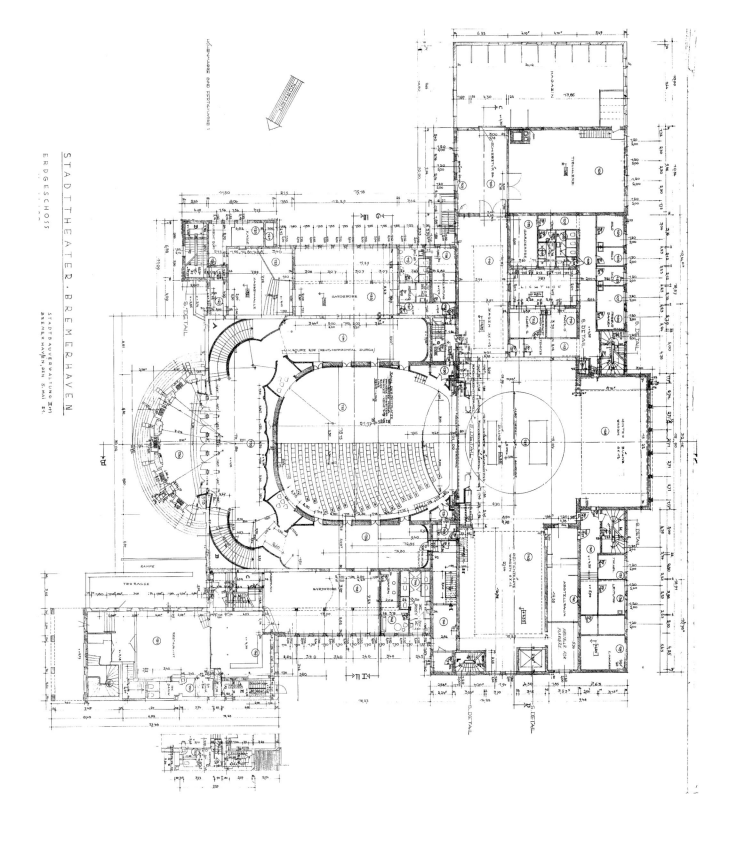

Grundriss 1951

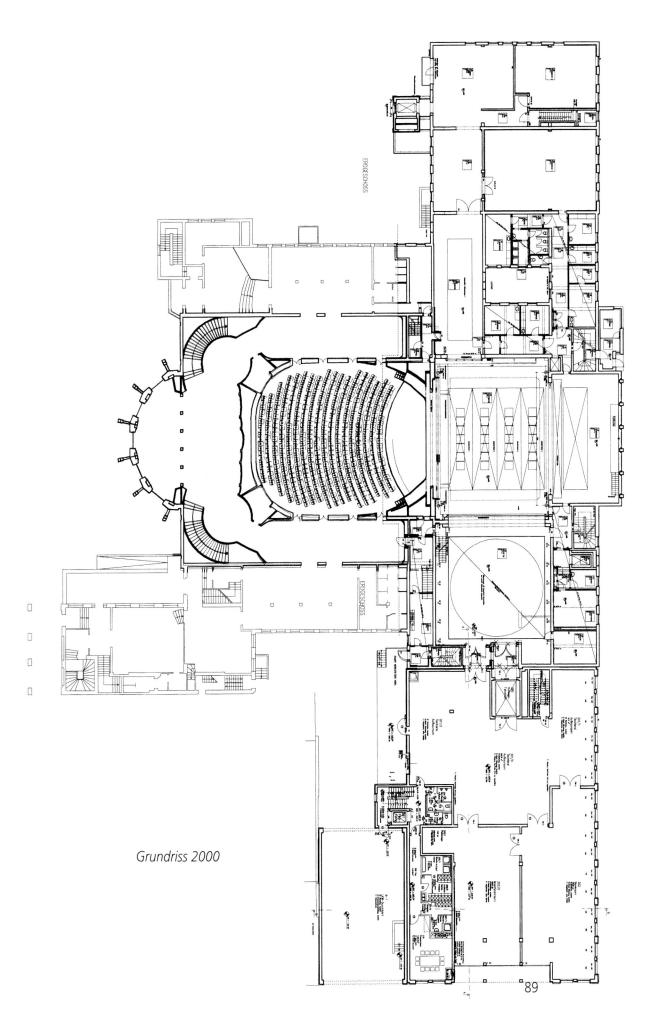

Grundriss 2000

Neubau, Umbau und
Sanierung des Stadttheaters Bremerhaven
Zusammenfassung

Die Gesamtsanierung des Stadttheaters gliederte sich in zwei Stufen:

1. Stufe: Neubau eines viergeschössigen Anbaus zur Aufnahme der Werkstätten Schlosserei, Tischlerei mit Aufbauraum, Malersaal sowie der gesamten Verwaltung und Proberäume für Orchester und Chor.

2. Stufe: Nach Bezug der neuen Werkstätten Umbau und Sanierung des Haupthauses

Nach der Fertigstellung des Neubaus im April 1999 wurden mit dem bis zum Jahresende 2000 abgeschlossenen Umbau des Haupthauses folgenden Ziele umgesetzt:

1. Neuordnung des Probenbetriebes

Das Stadttheater verfügte vor der Sanierung über zwei Probebühnen, einen Ballettsaal und einen Orchesterprobenraum (weitere zwei Probebühnen waren im Stadtbereich angemietet).

Mit dem Neubau der Werkstätten wurden ein neuer Orchesterprobenraum und ein Chorsaal erstellt. Die Probebühnen und der Ballettsaal bleiben im Haupthaus.

Von den ursprünglich zwei Probebühnen wurde die erste Probebühne für das Kleine Haus zusammen mit dem Verwaltungsgebäude abgerissen. Die zweite Probebühne befand sich im rechten Seitenflügel unmittelbar an der Hauptbühne, was starke akustische Belästigungen mit sich gebracht hat. Der Ballettsaal war über der Hinterbühne eingerichtet. Durch die Nähe zur Hauptbühne kam es auch hier zu starken Beeinträchtigungen im Proben- und Bühnenbetrieb.

Der Umbau fasste den gesamten Probenbereich einschließlich Ballettsaal in dem linken Seitenflügel fern von der Hauptbühne zusammen.

- Die Probebühne I wurde im Erdgeschoss auf der Fläche der ehemaligen Tischlerei als Hauptprobebühne mit Bühnenabmessung eingerichtet.
- Die Probebühne II wurde im 2. Obergeschoss auf der Fläche des ehemaligen Malersaals gebaut.
- Die Probebühne III entstand neben der Probebühne I.
- Der Ballettsaal wurde neben die Probebühne II, ebenfalls auf der Fläche des ehemaligen Malersaals, verlagert.

Für die Einrichtung der Probebühne II und des Ballettsaals war es notwendig, den ehemaligen Malersaal durch Aufstockung auf die notwendige Raumhöhe zu bringen.

2. Neuordnung der im Haupthaus verbleibenden Werkstätten

Nach Inbetriebnahme der Werkstätten verbleiben nur noch die Schneiderei und die Deko-Werkstatt im Haupthaus.Die Schneiderei befand sich verteilt auf das 2. und 3. Obergeschoss des rechten Seitenflügel und war räumlich stark eingeengt. Die Deko-Werkstatt befand sich im 2. Obergeschoss des linken Seitenflügels am Malersaal. Nach Fertigstellung des Umbaus erhielten beide Werkstätten im 2. und 3. Obergeschoss des rechten Seitenflügels bei ausreichendem Raumangebot eine direkte Anbindung an die neue Vertikalverbindung aller Werkstätten und sind somit unmittelbar an den Produktionsablauf angeschlossen.

3. Erweiterung der Umkleide- und Aufenthaltsräume des Orchesters

Im Kellergeschoss des Haupthauses befanden sich im linken Seitenflügel Räume für die Orchestermitglieder. Ihre Fläche war sowohl für die männlichen als auch für die weiblichen Mitglieder nicht ausreichend. Die Räume mussten in dreifacher Funktion als Umkleide-, Einstimm- und Aufenthaltsraum genutzt werden.

Nach Verlagerung der Schlosserei in den Neubau konnte unter Einbeziehung der freigewordenen Fläche ein zufrieden stellendes Raumangebot erreicht werden.

4. Modernisierung der Bühnentechnik

Die im Stadttheater Bremerhaven vorhandenen bühnentechnischen Einrichtungen entsprachen lediglich den künstlerischen und sicherheitstechnischen Anforderungen aus der Zeit ihrer Erstellung (1952).

So wurden wesentliche Forderungen der GUV 16.15.3 - Sicherheitsregeln für Versenkeinrichtungen in Bühnen und Studios betreffend - nicht eingehalten, was bei Bedienungs- oder Anlagenfehlern zu schwerwiegenden Unfällen hätte führen können.

Der natürliche Verschleiß einer vielgenutzten Anlage machte darüber hinaus eine ständige Instandsetzung verschiedener Anlagenteile notwendig. Da die erforderlichen Ersatzteile nicht mehr standardmäßig zu beziehen waren, mussten sie jeweils unter hohem Kostenaufwand speziell angefertigt werden.

Ein Weiterbetreiben der Anlage war aus sicherheitstechnischen, ökonomischen und künstlerischen Gründen nicht mehr vertretbar.

Im Rahmen des neuen Konzeptes für das Stadttheater Bremerhaven wurden folgende Anforderungen an die Bühnentechnik umgesetzt:

- Szenische Verwandlungen werden einfacher möglich und die Bühnentechnik kann sich den wechselnden Anforderungen des Bühnenbetriebes leicht anpassen. In der Untermaschinerie sind Einrichtungen, um Bühnenbilder mit unterschiedlicher Höhenstufung ohne den vorherigen intensiven Arbeits- und Zeitaufwand herzustellen.
- für die Obermaschinerie ist ein modernes Zugsystem installiert, das aus motorisch betriebenen Hub- und Windeneinrichtungen besteht und die alten vorhandenen Handkonterzüge ersetzt.
- die rechte Seitenbühne wurde in das Konzept einbezogen und räumlich den Hauptbühnenmaßen angepasst. Sie dient als Verbindung zu den neuen Werkstätten. Dadurch können im Bereich der Seitenbühne Vor- und Fertigmontagen für komplette Bühnenbilder auf Bühnenwagen stattfinden, so dass während der Vorstellung sehr schnelle Szenenwechsel auf der Hauptbühne möglich sind.

- der technische Personalaufwand für Auf- und Umbau wird minimiert, die Auf- und Abbauzeiten verkürzen sich.
- Arbeitsabläufe werden durch Zentralisierung von Bedienungs- und Steuerungselementen, auch in Kombination von Ober- und Untermaschinerie rationalisiert.
- eine höhere Genauigkeit und Reproduzierbarkeit der Bewegungsabläufe und szenischen Effekte wird sichergestellt.
- es wird hohe Betriebssicherheit, Wartungsfreiheit und Unfallsicherheit garantiert; dabei wird den künstlerischen Anforderungen des Stadttheaters mittel- und lang fristig entsprochen.

5. Modernisierung der Haustechnik

Die gesamte Technik in den Bereichen Elektro, Heizung und Sanitär war komplett abgängig und wurde erneuert.

6. Gesamtkosten und Fertigstellung

Das Sanierungsvorhaben kostete 18,7 Mio. DM (Neubauwerkstatt) und 44,5 Mio. DM (Sanierung des Haupthauses).

Die Gesamtmaßnahme begann mit dem Neubau des Werkstattgeländes im Frühjahr 1997. Die Fertigstellung konnte im Frühjahr 1999 gefeiert werden. Seit Juni 1999 wurde das Hauptgebäude modernisiert. Die Übergabe des Gebäudes erfolgte am 1. Dezember 2000. Der enge Zeitraum und der vorgegebene nicht verschiebbare Kostenrahmen stellte hohe Anforderungen an alle Beteiligten.

Sieghard Franz-Lückehe und Christian Bruns (STÄGRUND)

Chronologie

11.10.1911	Einweihung des Stadttheaters Bremerhaven
18.09.1944	Vollständige Zerstörung des Gebäudes
12.04.1952	Wiedereröffnung des Stadttheaters
1990	Aufnahme ins Sanierungsgebiet „Alter und Neuer Hafen"
1993	Vorlage des Strukturgutachtens für eine konzeptionelle Neuordnung durch die Architekten Eickworth und Iggena
1994	Vorentwurf für den 1. und 2. Bauabschnitt: Abriß des Verwaltungsgebäudes und Neubau eines Werkstattgebäudes an Linzer Straße
12/1996	Die Städtische Grundstücksgesellschaft Bremerhaven wird Eigentümerin des Stadttheaters und Bauherrin für die Sanierungsmaßnahme
02/1997	Abriß des Verwaltungsgebäude
05/1997	Beginn der Bauarbeiten für den Neubau des Werkstattgebäudes
10/1997	Beginn der Vorplanung für die Sanierung des Haupthauses
08/1998	Richtfest Werkstattgebäude
04/1999	Werkstattfeier, Fertigstellung und Übergabe des Werkstattgebäudes an das Theater
06/1999	Beginn der Bauarbeiten für die Sanierung des Haupthauses
12/1999	Die Stadtverordnetenversammlung stellt Mittel bereit, die Sanierung auf den Zuschauerraum zu erweitern
01.12.2000	Wiedereröffnungsfeier und Übergabe des sanierten Haupthauses und des Zuschauerraumes an das Theater

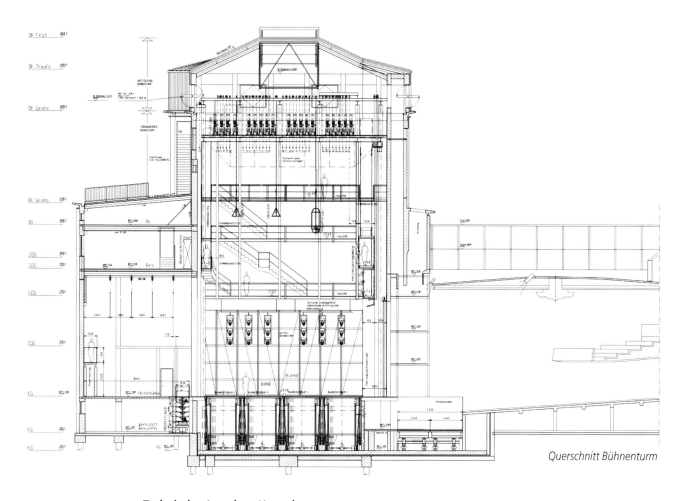

Querschnitt Bühnenturm

Technische Angaben Haupthaus:

Abmessungen / Größen / Masse:

Hauptbühne:	16 m * 20 m	Bühnentiefe * Bühnenbreite
Hinterbühne:	7 m * 15 m	
Seitenbühne rechts:	14 m * 13 m	
Seitenbühne links:	5 m * 14 m	
Portalbreite:	10,5 m	
Portalhöhe max.:	6,25 m	
Bühnenturm:	+ 26,30 m	Gesamthöhe über Bühnenniveau
Unterbühne:	- 3,80 m	
1. Arbeitsgalerie:	+ 7,40 m	
2. Arbeitsgalerie:	+ 11,60 m	
3. Arbeitsgalerie:	+ 14,60 m	
Schnürboden:	+ 19,20 m	
Rollenboden:	+ 21,70 m	
Gesamtlast der Obermaschinerie:	400 t	
Anzahl der Gründungspfähle:	37	Hauptbühne
	36	Seitenbühne rechts
Pfahllängen	17,5 m	
Elektrokabel verlegt	60.000 m	
Rohrleitungen verlegt	10.000 m	
Installierte Lüftungsleistung	50.000 m³/h	
Zuschauerraum	685 Plätze	

Die am Bau Beteiligten

Eickworth und Iggena Architekten, Vahrer Straße 131, 28309 Bremen
Herbert Eickworth, Martina Iggena, Jenny Greese, Armin Liebler
Kock Ingenieurbüro für Aufzüge, Schönhorst 65, 21509 Glinde
Manfred Kock, Michael Hoffmann
KSF Feld & Partner Beratende Ingenieure VBI,
Alfred-Balzer-Str. 5, 27570 Bremerhaven / Klaus Behrens, Dieter Hibbeler
Kuhlmann Ingenieurbüro für Arbeitssicherheit,
Langenberger Str. 19, 28779 Bremen / Richard Kuhlmann
Kunkel Consulting Planungsbüro für Bühnentechnik,
Röntgenstr. 2, 68642 Bürstadt / Horst Kunkel, Frank Will, Olaf Johannesson
Labor für Bodenmechanik, Hochschule Bremen,
Neustadtswall 30, 28199 Bremen / Prof. Harry Harder
Stadtbau, Bremerhaven, Hinrich-Schmalfeld-Str., 27524 Bremerhaven
Marion Krüger
STB Döhren, Sabotke, Triebold Beratende Ingenieure VBI,
Sonneberger Str. 15, 28329 Bremen / Uwe Sabotke, Klaus-Dieter Grüneberg
Taubert und Ruhe Beratungsbüro für Akustik,
Bickbargen 151, 25469 Halstenbek / Carsten Ruhe
WIBERA Wirtschaftsberatung AG,
Moskauer Str. 19, 40227 Düsseldorf / Dieter Eichelmann
Wichmann Ingenieurbüro, Fährstraße 5, 28207 Bremen
Johann-Wilhelm Wichmann, Ralf Stellmann, Wilfried Abels

Brüggemann Spezialfußbodenbau, Bremerhaven • Bembe Parkett, Bremen • Bosch Telekom, Bremen • Bühnenbau Wertheim, Wertheim/Main • Chedor Elektro, Bremerhaven • Dutschke Metallbau, Bremen • Finck Naturstein-Mamor, Otterndorf • Fredrich Spezialbau, Bremerhaven • Godejohann Dienstleistungen, Bremerhaven • Grammer Bürostühle, Bielefeld • Harm Sanitär Klima Heizung, Bremerhaven • Herzog Graphik, Bremerhaven • HFE Elektroakustik, Leipzig • Kathmann Bauunternehmung, Bremen • Kone Aufzug, Bremen • Kresse Raumausstattung, Bremerhaven • Locker Fliesen, Stadland • Meta Trennwandanlagen, Rensdorf • Robert Meyer Malerbetrieb, Bremen • Minimax Brandschutz und Sicherheitstechnik, Achim • Nustedte Metallbau, Bremen • NWBM Stahlbau, Neumünster • Peinemann + Sohn Sanitär Heizung Klima, Bremen • Rodiek Heizung Lüftung Sanitär, Bremerhaven • Friedrich Schmidt Bedachung, Bremen • Schwarz Tischlerservice, Langen • STE-BA Gerüstbau, Weyhe-Dreyhe • Selgrath Großkücheneinrichtungen, Schiffdorf • Stender Ingenieurbau, Bremerhaven • Theatertechnische Systeme, Syke • Transtechnik Lichtsysteme, Holzkirchen • von Döhlen Möbel, Spaden • VHG Versicherung, Hannover • Waagner Biró Bühnentechnik, München • Weber Stukkateur, Bremen • Wozenilek Industrietor, Schwanewede

Editorische Notiz:

Dieses Buch will keine vollständige Dokumentation der Sanierung des Stadttheaters Bremerhaven sein. Es ist der Versuch, schlaglichtartig aus der Umbaugeschichte Abschnitte zu beleuchten, die exemplarisch einen Eindruck von der Größe des Projekts vermitteln sollen. Daneben soll das Buch an die früheren Zustände erinnern, bzw. daran, wie Bremerhaven zu seinem Theater kam.

Dabei ist es das Werk vieler Personen geworden. Zu danken haben wir deshalb den Gesprächspartnerinnen und Gesprächspartnern, die gerade auch in der hektischen Schlußphase des Baus mit erstaunlicher Geduld Zeit für uns hatten. Im einzelnen danken wir Wilhelm Brake, Herbert Eickworth, Jenny Greese, Martina Iggena, Ralf Kunkel, Armin Liebler, Harald Müller, Ralf Stellmann, Ursel Strauch, Johann-Wilhelm Wichmann, Frank Will, Heinz Windhorst und Ralf Zwirlein.

Zu Dank verpflichtet sind wir Monika Eiben, die unsere Layout- und Umbruchwünsche schnell und unkompliziert umsetzte und mit eigenen Ideen dem Buch Gestalt gab.

Unser Dank gilt dem Geschäftsführer der STÄGRUND, Christian Bruns, der die Idee zu diesem Buch begeistert aufnahm und die Herausgabe schließlich ermöglichte.

Ganz besonders zu danken haben wir dem Projektleiter der STÄGRUND, Sieghard Franz-Lückehe, der uns geduldig von Anfang bis zum Schluss kompetent und freundlich begleitete, Materialen beschaffte, Zusammenhänge erklärte und so regen Anteil am Werden dieses Buchs nahm. Ohne ihn hätten wir dieses Buch nicht vorlegen können.

Für Irrtümer und Fehler sind dennoch wir als Autoren verantwortlich. Wir hoffen, in der hektischen Schlussphase sind uns nicht zu viele untergekommen.
Volker Heigenmooser und Heiko Sandelmann

Volker Heigenmooser,
geb. 1955 in Hof, freiberuflicher Journalist und Publizist in Bremerhaven;
Lehrbeauftragter an der Universität Bremen; Kommunikationsberater;
Studium der Evang. Theologie, Skandinavistik und Soziologie in Göttingen (M.A.);
zahlreiche Rundfunkarbeiten zu literarischen und historischen Themen,
verschiedene Veröffentlichungen zu literarischen Themen

Kai Kähler,
geb. 1961 in Pinneberg; Geschäftsführer des Kunstvereins Bremerhaven;
Studium der Mittleren und Neuen Geschichte in Hamburg (M.A.);
Verschiedene Veröffentlichungen zur Geschichte Bremerhavens

Heiko Sandelmann,
geb. 1964 in Bremerhaven; freiberuflicher Fotograf in Bremerhaven
(Rillke & Sandelmann Fotografie); seit 1991 Theaterfotograf;
Abitur, Lehre, Fotografenmeister